エコノミスト
崔 真淑
Masumi Sai

日常が学びに変わる！

経済学の本

ど素人でもわかる

SE
SHOEISHA

はじめに

読者の皆さまは、情報の多さにうんざりしたことはありませんか？　本書は、ビジネスパーソンや学生、情報が氾濫する時代に困惑している人に「経済学」というツールを知ってもらい、「情報」を「知識」に昇華するお手伝いを目的にしています。つまり、各「情報」から未来に活かせる**汎用性の高いエッセンスを「経済学」の視点で取り出して、未来を予想したり、仮説を立てたりできる人になる第一歩を踏み出せるということです**。

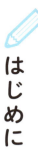

このようにいう私も、経済ニュースの解説を行う身でありながら、情報の多さに押しつぶされそうになったことがありました。しかし、社会人大学院で経済学の理論を知り、それを軸にすることで情報過多に振り回されることがグッと減りました。そのおかげか、経済番組でレギュラーを最大9本もたせていただいたり、博士課程へ進学したり、社外取締役に選任されたりと、さまざまな取り組みにつながっているのかなと思っています。もちろん、皆さまや多くの方々とのご縁や支えがあるからこそ日々励むことができています。

現代の経済学は情報や社会現象のメカニズムを説明するために、先人たちの知見が蓄積されて刻一刻と進化しています。先人たちの知見は、情報や社会現象を斬る軸として非常に有効です。経済学は多くの情報から汎用性のある要素を見つけ、自身の意見や仮説構築のツールになるはずです。その感動を、いろんな人に知ってもらいたいと思い、本書の執筆に至りました。

●ビジネスに活かせる経済学が学べる！

本書では「経済学」に馴染みのない方でも、日々の生活に活かせるようエッセンスを凝縮してお伝えしています。例えば、2章のミクロ経済学では、ビジネスや勤め先の現場で活かせるエッセンスが詰まっています。また、世の中を俯瞰するためには3章を参考にするとよいでしょう。しかし、そうはいっても経済学のキーワードを、いきなり「情報」を斬るためのツールとして使いこなすのはなかなか難しいものです。また、このキーワードで斬れば絶対に正解というものもありません。そこで、本書では項目ごとに「今日から役立つポイント」というコーナーを設けることで、**学んだ経済学のキーワードがどんな場面で活かしやすいのか、また関連情報を耳にしたときにどんな要素を押さえるべきかという指針となるよう工夫を施しました。**

そして最後に、経済学は机上の空論という声も聞きますが、本当にそうでしょうか？　経済学はビッグデータブームやＡＩブームの中で大きな変化を迎えています。その答えは、4章や5章を読んでもらうと見えてきます。さらには、ＡＩと経済学の関連性もわかります。

本書で、「情報氾濫時代」の航海図として役立つ経済学を学んでいきましょう！

目次

2章 家計や企業を考える「ミクロ経済学」

3章

国全体を考える「マクロ経済学」

6章 人工知能と経済の未来

7章 経済学で押さえておきたい人物

会員特典データのご案内

会員特典データは、以下のサイトからダウンロードして入手いただけます。

https://www.shoeisha.co.jp/book/present/9784798158501

※会員特典データのダウンロードには、SHOEISHA iD（翔泳社が運営する無料の会員制度）への会員登録が必要です。詳しくは、ウェブサイトをご覧ください。

※会員特典データに関する権利は著者および株式会社翔泳社が所有しています。許可なく配布したり、ウェブサイトに転載することはできません。

※会員特典データの提供は予告なく終了することがあります。あらかじめご了承ください。

序章

経済をめぐる21世紀の変化

0-1

グローバル化で私たちは豊かになったのか？

世界の格差の現状

今日から役立つポイント

経済のグローバル化が進んでいます。それによって「海外の安い労働力が国内の雇用を奪う」といったことがよく聞かれますが、本当に経済格差のきっかけになっているのかについては、学術的な統一的見解は出ていません。グローバル化で何が起きているのか詳しく知り、うまく対応できるように備えていくことが必要です。

●グローバル化で経済が成長し、所得が上がる

国境をまたいだ貿易や投資が増え、現在では経済もグローバル化が進んでいます。こうした動きは世界の人々を幸せにするのでしょうか？

第2次世界大戦後、国際貿易、国際投資が加速しました。世界全体の輸入と輸出の額を足した貿易額は、1950年代には世界のGDP（国内総生産）の17％、それが1990年代には30％台を突破、さらに2008年には54％に達しています[*1]。最近では先進国だけでなく、開発途上国も加わり、さらなる経済のグローバル化が進んでいます。

グローバル化のよい点の1つは、**さまざまな知識をもつ人たちが交流することで技術革新や創意工夫が起き、それによって経済が成長し、人々の所得レベルが上がっていくこと**です。閉鎖的な国内で、多様性のないメンバーがいくら頭をひねっても、革新的なアイデアを生み出すことはできません。

こうしたことは、さまざまな研究で実証されています。アメリカのある巨大な電気会社の従業員を調査した研究[*2]では、企業内で多様なネットワークをもっている人ほど業績が優れていることを発見しました。また、日本の企業データを利用した研究[*3]では、地理的に多様な取引関係をもつ企業ほど業績がよく、取引先同士もつながって密なネットワークを形成している企業は業績が悪いという結論を得ています。

●グローバル化の負の側面は所得配分

しかし一方で、グローバル化には負の側面もあります。**まず、所得配分の問題です**。

最近の20年で、世界で上位1％を占める超富裕層と、比較的所得レベルの低い新興国や途上

＊1出所：「グローバリゼーションは人々の暮らしを豊かにするのか」（戸田康之　早稲田大学政治経済学術院経済学研究科教授、『経済セミナー』2017年6月・7月号）

＊2出所：(2004) “Structural Holes and Good Ideas1” (https://www.bebr.ufl.edu/sites/default/files/Structural%20Holes%20and%20Good%20Ideas_0.pdf)

＊3出所：(2016) “The strength of long ties and the weakness of strong ties: Knowledge diffusion through supply chain networks” (https://www.sciencedirect.com/science/article/pii/S0048733316301056)

国の多数派の所得は急激に上昇しました。しかし、先進国の中間層の人々の所得はほとんど増えていない、との指摘もあります。グローバリゼーションと格差の問題では、先進国の中間層の中には、途上国からの輸入品との競争や、生産拠点の海外移転が原因だと考える人もおり、そうした人々は反グローバルを掲げる政治家を支持することになります。

また、インターネットを介して世界がつながったことで、**金融ショックや災害といった影響が早く伝わることによる弊害もあります**。世界的規模で生産するグローバル・サプライチェーンのデータを使った研究*では、部品を製造する企業ほど、売上高に対して後で現金を受け取る売掛債権の額が大きいことがわかっています。つまり何らかのショックが起きて財務状況が悪化した際には、こうした製造に携わる企業に、悪いショックが増幅して伝わることになるのです。

●保護貿易は対策にはならない

経済のグローバル化で各国の所得が増えることは理論的にも明らかなため、輸入品に関税などを課す保護貿易は対策にはなりえません。実際、輸入品に関税をかけて国内産業を守ろうとしても、国内産業が育たない例は1950年代、1960年代に多くの国が経験してきていることです。

歴史はまた、重要なことを教えてくれています。実は、第1次世界大戦前には国際貿易がさかん

豆知識　グローバリゼーションと格差

日本では海外へのアウトソーシングは大卒の労働者の雇用を増やし、高卒の労働者の雇用を減らすという研究結果もある。労働集約的な工場生産を海外に委託することで国内では単純労働に対する需要は減り、知識集約的な仕事を行う技能労働者への需要は高まるためだと考えられる。

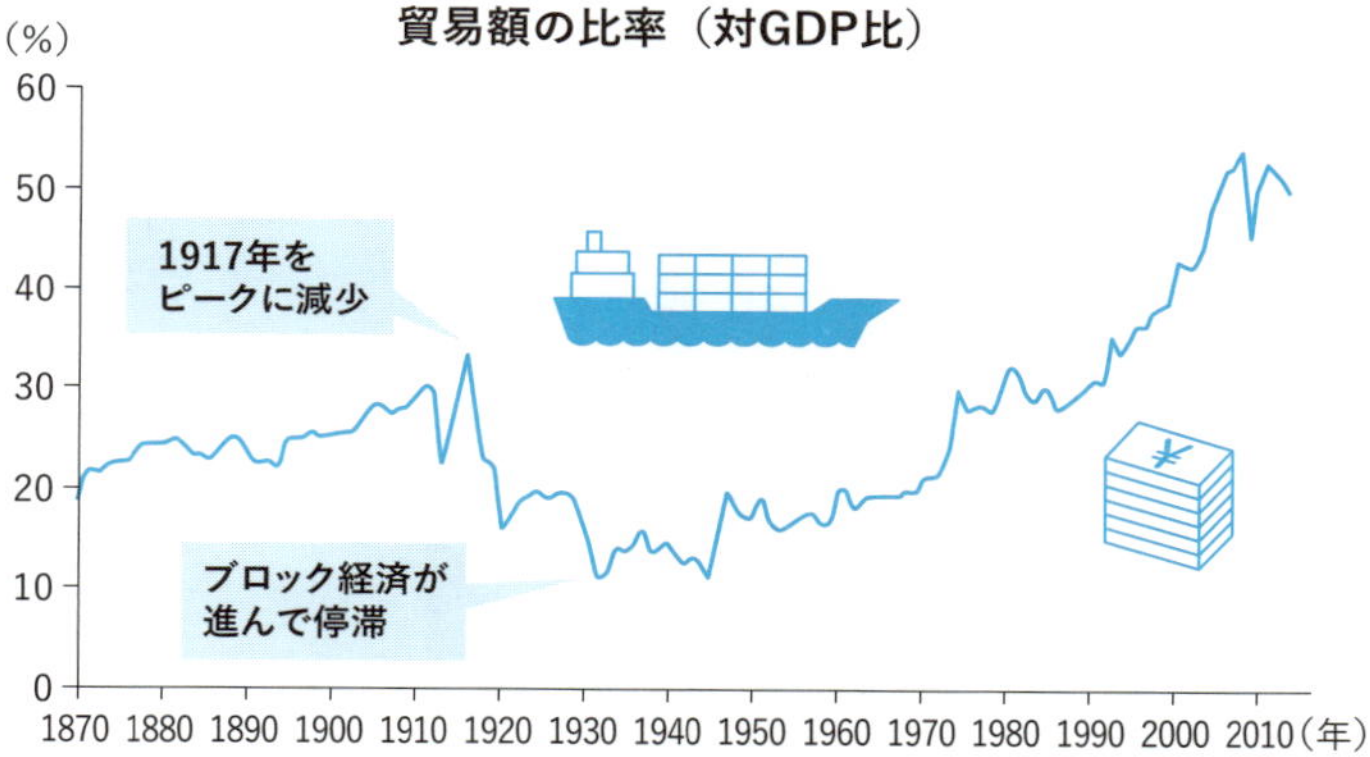

出所：『経済セミナー 6・7月号』「グローバリゼーションは人々の暮らしを豊かにするのか」（戸堂康之、2017年、日本評論社）「経済グローバリゼーションの進展」から抜粋

図0-1　貿易額の比率（対GDP比）　経済グローバリゼーションの進展

でした。しかし1917年をピークに縮小、1930年代にはブロック経済化が進んで経済が停滞します。その後、その責任を他国に転嫁するナショナリズムが盛り上がり、世界は第2次世界大戦に突入しました。これは、私たちがぜひ肝に銘じておきたいことです。

国家が行うべきこととして、戸堂康之博士は、多くの国民がグローバル化の恩恵を得られるようにITや外国語教育の充実、中小企業に対する海外進出の支援などを挙げています。所得の再配分を行ってあらゆる人を救済する必要があります。そして、経済的なショックが起きた際には、そのニュースが世界に広まる前に、例えば金融危機の場合にはすぐに必要な金融支援をするなど、それを阻止する政策を行うことが重要になるのです。

＊出所：(2017) “Financial Constraints and Propagation of Shocks in Production Networks” (https://www.aeaweb.org/conference/2018/preliminary/paper/T36iZ9Gf)

0-2

地方と都市の格差神話の真実

地域間格差

今日から役立つポイント

1970年代と現在との地域間の生産性格差の要因を分析すると、かつては工場のある地域が上位を占めていたのに対し、現在は工場の少ない東京が1位です。これがいわゆる地方と都市の格差の一因ともいえます。このことから、なぜ付加価値ビジネスが重要か、地域間格差を埋めるために必要なことは何かということが見えてきます。

●東京が「全国の生産性1位」の理由

お金を稼げる仕事がある場所には人が集まります。47都道府県別の生産性（R－JIP）データベースを使って、地域間の生産性格差を都道府県別ランキングにした研究がありますが、徳井丞次教授の分析結果は非常に興味深いものです。

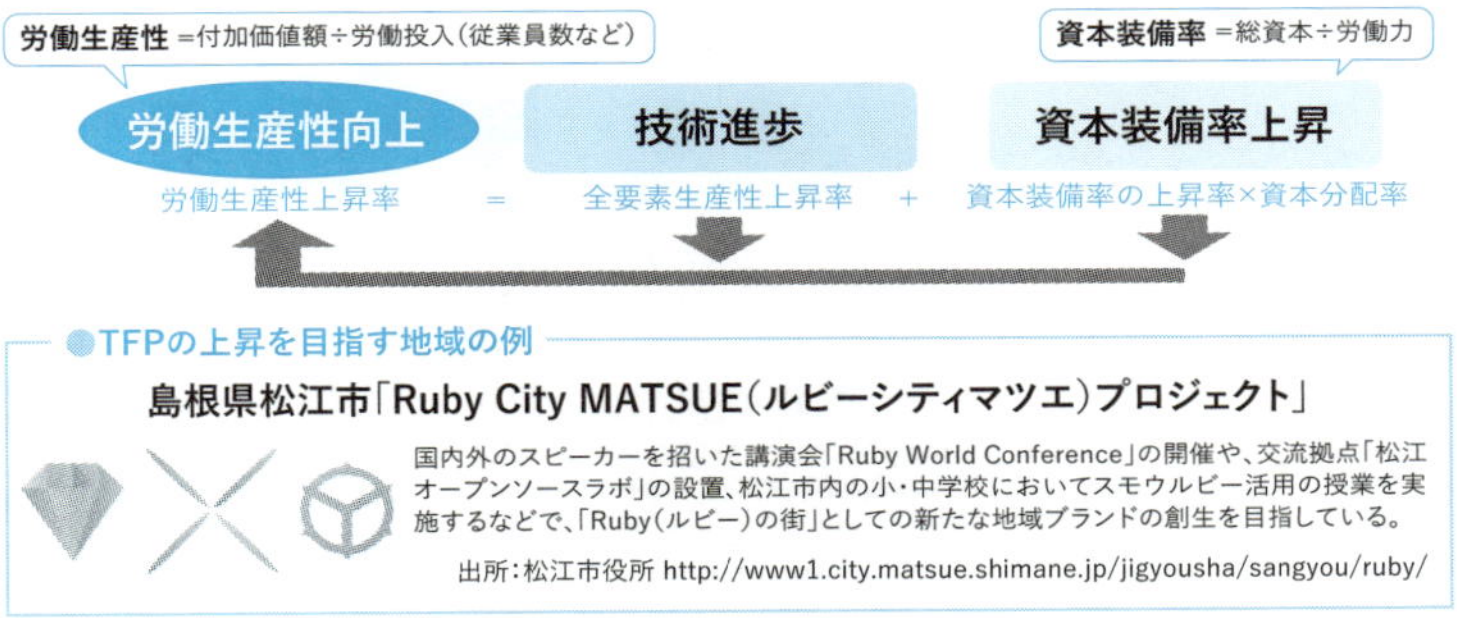

出所:松江市役所 http://www1.city.matsue.shimane.jp/jigyousha/sangyou/ruby/

図0-2 労働生産性を向上させうるTFP

２０１０年の結果では、東京都は47都道府県の中で、圧倒的な1位です。しかし１９７０年には東京都は４位でした。１９７０年の労働生産性１位は神奈川県、２位は千葉県、３位が大阪府です。分析した結果、その最も大きな要因は「資本装備率の高さ」であることがわかりました。つまり、当時は工場がたくさんある地域が、生産性の高い地域であり、１９７０年代のトップ３は、重要な工場集積地域だったのです。

一方、２０１０年の東京都を1位にしているのは、高い労働力の質と、技術進歩、効率化などをあらわすとされるTFP（Total Factor Productivity：全要素生産性）です。

この結果が意味することは、**現代は、工場でモノづくりをするより、人間のイノベーション、ソフトパワーがより生産性を上げている**ということです。これは、地方創生のアイデアを考えるときにも重要な視点となるでしょう。

豆知識 生産性

独立行政法人経済産業研究所（RIETI）によると、生産性とは生産活動の効率性を示す指標で、ある一定期間に生み出された生産量と、生産に使用した労働や機械設備（資本）などの投入量の比率のこと。代表的なのは労働生産性で「付加価値額÷労働投入（従業員数など）」で導き出される。

0-3

経営陣が危ない会社の見分け方

企業不祥事

今日から役立つポイント

ビジネスパーソンとして企業不祥事から学ぶべきことは、不祥事といった「モラルハザードを起こす経営陣」＝「ヤバイ経営陣」を見分けることです。もし自分の会社のトップが不祥事を起こせば、業績が下がり、株価も下がり、わが身にも被害が及びます。自社や取引先の経営陣をチェックする方法を知っておきましょう。

●アメリカ企業の7社に1社で不祥事の可能性が……

２０１５年６月から、日本の上場企業に対して「コーポレート・ガバナンス（企業統治）」の強化の原則を示したコーポレート・ガバナンスコードが適用されるようになりました。その効果で、日本でも経営者の不祥事や会計不正が顕在化するケースが増えているように感じます。

不祥事は日本だけの特徴ではありません。1996年から2004年までのアメリカの上場企業を対象に、年間に起きる企業価値を落としかねない企業不祥事件数の確率推定を行った研究*では、毎年14・5%と、7社に1社の企業が不祥事を起こす可能性があるという結果でした。つまり、経営陣が企業価値を毀損する経営（無意識・意識的を含む）を行っている可能性を指摘しています。

●学術的に「なぜ企業不祥事が起きるのか」を検証

ここからは「企業不祥事＝企業価値を損なわせる行為＝モラルハザード（無意識・意識的に関係なく）」と定義して、学術の視点で企業不祥事が起きるメカニズムを整理してみましょう。

株式会社はそもそも、その企業の保有者である株主（プリンシパル）と、経営を株主に代わって遂行する経営者（エージェント）という構図から成立しています。創業当時の株式会社では、経営者は株主であり、経営者の目的とは株主の目的でもあります。しかし上場後は株主が分散化し、経営者は株主から経営を任されます。その結果、例えば、業績も株価も低迷が続いているのに過剰な役員報酬をもらい続けようとする、短期利益を優先して長期利益を犠牲にするなど企業価値を毀損しかねない行動が起きることを、多数の学術研究が指摘しています。

これらの行動は、株主利益を損ない、雇用されている社員の不利益にもつながりかねません。

＊出所：（2013）“How Pervasive is Corporate Fraud?”（https://papers.ssrn.com/sol3/papers.cfm?abstract_id=2222608）

しかし、**企業の情報を知り尽くした経営陣と株主とでは情報の偏りがあるため、株主が見えないところで、経営陣がモラルハザードを起こす可能性は残り続けるのです**。

さらに、そうした経営陣をなかなか退陣に追い込めない現実もあるようです。株主は議決権行使で影響力を示せるはずですが、研究では実際に株主が影響を与えられているかの学術的根拠には乏しいという指摘、現職の取締役は議決権行使による解任の脅威にほとんど直面していないという報告もあります*。この理由は、例えば、株主が大勢いて、それぞれ少しずつしか議決権をもっていない場合、時間や手間をかけて経営陣を監視することにあまり意味を感じない株主が多くなってしまう可能性が高いという点にあります。

多額の資金を運用する団体である機関投資家が監視役として役立たない場合もあるようです。機関投資家の報酬体系に着目した研究では、**投資先の経営陣を監視しても、報酬に反映されにくいことなどから、経営陣を監視するインセンティブが働きにくいと指摘されています**。

●結論として、社外取締役が必要な理由

経営陣のモラルハザードを防ぐため、最近、経営の監視役として、社外取締役が注目されています。注意しなければならないのは、社外取締役は、経営陣の人脈を通じて選出されることが多い点です。社外取締役が経営陣を監視しきれない背景には、「経営陣に取り入るか、株主

＊出所：三輪芳朗［編］神田秀樹［編］柳川範之［編］（1998年）『会社法の経済学』東京大学出版会．

日本取引所グループの提供する
「コーポレート・ガバナンス情報サービス」で調べることが可能

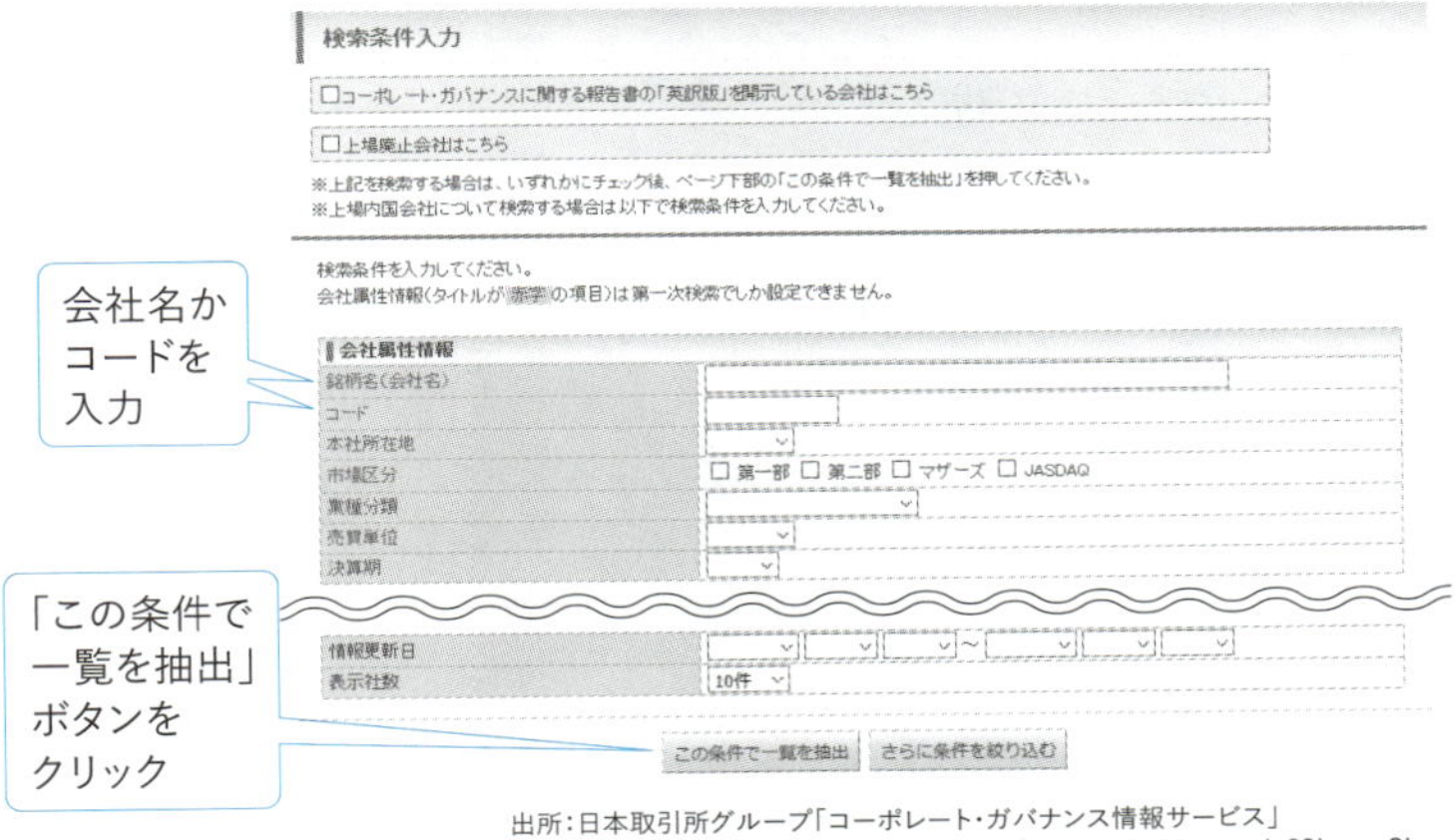

出所：日本取引所グループ「コーポレート・ガバナンス情報サービス」
https://www2.tse.or.jp/tseHpFront/CGK010010Action.do?Show=Show

図0-3　コーポレート・ガバナンスの調べ方

に代わって監視を行うか」という2つの誘因の間で迷うからです。その対策としては、そうした誘惑に惑わされない人、つまり社外取締役ポストを失っても仕事への影響が出にくく、社会的評価がすでに高い一方で、企業不祥事の際に大きな影響を受けにくい人物を、社外取締役にします。

上場企業はコーポレート・ガバナンス報告書を発行しており、**コーポレート・ガバナンスの各原則に沿った情報開示を見ると、社外取締役についての考え方も知ることができます**。自分の会社、取引先企業、投資先企業の報告書をぜひチェックしてみてください。

豆知識　コーポレート・ガバナンス報告書

企業の従来の決算短信では各社の裁量に委ねられていたコーポレート・ガバナンス関連情報を共通の報告書のかたちで集約したもの。例えば東京証券取引所上場企業の場合、「コーポレート・ガバナンス情報サービス」で検索できる。
https://www2.tse.or.jp/tseHpFront/CGK010010Action.do?Show=Show

0-4

AIブームでデータがお金に変わる!?

信用スコアリング

今日から役立つポイント

ビッグデータブームの中、私たちはすでに「データを提供するか、しないか」のジレンマに直面しています。個人情報は企業の資産になり、蓄積されたデータは個人を格付けするためにも使われます。情報を提供しないことは、やがてデメリットにもなっていくでしょう。特に中国の動向を見ることで、今後の個人情報の使われ方が予測できるでしょう。

●「第4次産業革命」が起きている

18世紀末の水力や蒸気機関による工場の機械化が起こった「第1次産業革命」、20世紀初頭の、電力を使った大量生産ができるようになった「第2次産業革命」、1970〜2000年の電子工学や情報技術によるオートメーション化を実現した「第3次産業革命」に続き、現在は「第4次産業革命」といわれています。

この核となるのが、データの蓄積・分析、AIデータの集約などを行うCPS（Cyber Physical System：サイバーフィジカルシステム）です。パソコンやスマートフォンのみならず、スマート家電といったIoT（Internet of Things：モノのインターネット）でデータを収集し、そのデータを処理・分析する人工知能（AI）で、さまざまなデータを収集・蓄積・分析することが容易になりました。各業界でCPSの活用が進んでいます。コンピューターが一定の判断を行うことで、人間の仕事の補助や、代わりに働くことが可能となりました。

製品の生産やサービス提供にデータの解析結果を活用する動きは、シェアリングエコノミー、AIやロボットの活用、テクノロジーを活用した金融（FinTech）などの分野ですでに出現しています。IoT化と企業改革が同時進行する、日本の「経済成長シナリオ」（年平均2・4％）では、2030年の実質GDPを132兆円押し上げると試算しています（『平成29年版 情報通信白書』総務省より）。**これは、データが価値をもつ時代が到来したことを意味しています。**

●個人の「格付け」が進む中国

情報社会で顕在化しているのが「信用資産」です。よく知られているのはSNSでのフォロワー数などですが、それに加えてネット上の言説や行動、リアルな世界における個人の行動が、その人の信用スコアとして一元管理されていくというものです。**信用のスコア化の一例として、アリババグループの「芝麻信用《ジーマ》」のサービスを見てみましょう。**

同社は2015年に中国人民銀行が個人信用スコアサービスの開業準備を認めた8社のうちの1社で、個人や企業の信用状況に対して評価を行い、クレジットカード会社、不動産会社、婚活サイトなどに信用調査サービスを提供しています。その信用点数化は、①身分特質（社会的地位・身分・年齢・学歴・職業など）、②履行能力（過去の支払い状況や資産など）、③信用歴史（クレジット・取引履歴など）、④人脈関係（交友関係および相手の身分、信用状況など）、⑤行為偏好（消費の特徴や振り込みなど）で個々人の点数を算出し、総合点数で格付けています。点数は最低で350点、最高で950点で、一般的な消費者は600点台です。

イギリスのフィナンシャルタイムズ（FT）に掲載された、元グーグル社の中国事業の責任者で現ベンチャーキャピタリストの李開復《リー・カイフー》氏は、中国のAIが優位である理由として、①最前線の研究者の研究内容がネット経由で容易に入手できる、②中国経済は競争が激しく、起業向き、③中国都市部は人口密度が高く、配送などサービスの需要が高い、④後発の中国は一気に最先端技術を導入できた、⑤中国のネット利用者は欧米を合わせた総数より多い、⑥政府の支援が手厚い、⑦国民は欧米に比べプライバシー侵害に寛大、という7点を挙げています。

豆知識　信用スコア

中国で「信用スコア」の活用が進む背景には、政府主導の「社会信用システム建設計画綱要（2014～2020年）」がある。不正防止やマナー向上といった変化が起きることが期待される一方、高学歴、高所得層、官僚などのスコアが高くなりやすいといった弊害も指摘されている。

芝麻信用スコア区分	評価
350〜549	やや劣る
550〜599	まずまず
600〜649	好ましい
650〜699	優れている
700〜949	極めてよい

出所：『平成30年版 情報通信白書』（総務省）

図0-4　信用の点数化の5つの領域とスコア区分

記事は、こうした流れによってごく一部のトップに富と権力がますます集中していくこと、そしてAI利用の最も重大な結末はおそらく、AIを使った可動式の装置やセンサーによって可能になる、監視体制だと指摘しています*1。

一方で、日本人への意識調査*2では、信用スコアの認知度は25%、その普及について賛成は35%、反対は65%となっています。

しかし私は、AI社会の予想地図は、ここまで述べてきたような流れから中国を見るべきだと思っています。今後、個人データの提供で住宅ローンの金利が安くなる、といったサービスが増えるでしょう。人々の中で「特にやましいことはないので、データを提供しても構わない」という考え方が主流となったとき、自分はどこまでのデータなら提供するのか、判断する必要に迫られるでしょう。

＊1出所：日本経済新聞電子版（2019/5/3）「[FT] 中国のAI、7つの点で優位」（同記事は、2019年4月17日付 英フィナンシャル・タイムズ紙を翻訳）
＊2出所：「『信用スコア』に対する意識調査2019年上半期版」（ネットプロテクションズ調べ）

0-5 巨大デジタル企業が躍進する理由

ネットワーク外部性

今日から役立つポイント

いわゆるGAFA（Google, Apple, Facebook, Amazon）といった「デジタルプラットフォーマー」への規制が強化されようとしています。これらの企業のキーワードは「ネットワーク外部性」で、これを知るとインターネットビジネスがなぜ巨大化したのか、また、これからも巨大化していくしかないことがわかるでしょう。

●利用者が増えるほど利便性が上がる

経済学では市場の寡占化や独占の原因が起きる原因を「規模の経済」（スケールメリット）で説明してきました。企業がより大きな規模で生産すれば、効率的にコストが抑えられ、収益性が上がります。その結果、数少ない企業が市場を占める現象が起こりやすくなります。

それに対してGAFA《ガーファ》など、巨大なIT企業であるデジタルプラットフォーマーを中心としたサービスには「ネットワーク外部性」がキーワードになります。これは、利用者が増えるほど、その製品やサービスの使い勝手がよくなり、利用者のメリットも増えていくことです。

例えば友達や仕事上で付き合いのある人がフェイスブックに登録していて、オンラインでも交流している場合、自分だけ登録しないと情報に取り残されてしまいます。また「友達」にすぐ連絡がとれて便利な面もあるから、という理由でSNSに登録した経験をもつ人も多いのではないでしょうか？　この例はSNSだけでなく、クラウド上のサービスやスマートフォンのアプリなどにもあてはまります。

ネットワーク外部性のかつての代表例は「電話」でした。1人だけが加入していても誰にも連絡できませんが、加入者が増えることで多くの人の生活が便利になりました。しかしインターネット登場後のサービスの特徴は、そこに、限界費用の安さが加わった点です。モノを生産して売る場合、1つ追加すればそれに対するコストがかかります。しかしデジタル系のサービスでは、追加する際のコストをかなり少なく、あるいはほぼゼロにすることも可能です。

ネットワーク外部性で顧客を呼び込み、しかも提供するサービスの限界費用はほぼゼロのようなものです。さらに、例えば「アマゾンプライム」のように各プラットフォーマーが経済圏をつくり、顧客を囲い込む現象も起きています。そうした相乗効果によって、デジタルプラッ

豆知識　限界費用

生産量をわずかに増やしたとき、追加的に新たにかかるコストのこと。モノの生産では、新たに生産量を増やす際に追加コストが上昇する。しかしデジタル系企業のサービスでは生産効率化などで追加的にかかる費用の削減が可能になるため、限界費用をほぼゼロにできる。

トフォーマーの巨大化はますます進んでいくのです。

●「デジタル化」を不可逆だと思う理由

EUなどがデジタルプラットフォーマー規制を検討しています。日本でも、政府の成長戦略で、プラットフォーマー型ビジネスの台頭に対応したルール整備を行う旨が盛り込まれ、ルールづくりが進んでいます*1。2019年4月、公正取引委員会はデジタルプラットフォーマーの取引慣行などに関する実態調査の中間報告*2をとりまとめています。

デジタルプラットフォーマーへの懸念は、データ独占による社会への影響、デジタル化による雇用、それに伴う国民感情への配慮があるといわれています。

しかし私は「デジタル化」は不可逆なものだと思っています。その理由は次の2つです。

まず、キャッシュレス、EC（Electronic Commerce）、信用スコアリング、AIなど、私たちはすでにさまざまなデジタル分野の恩恵を受けているからです。利便性という短期的にすぐわかる利益と、長期的にしか感じることができない規制による利益では、多くの人が利便性を選択すると推測します。

2つ目は、デジタルプラットフォーマーと政治との結びつきです。研究では、政治献金が多額な一部の業界利益が、国全体の利益に優先されかねない事例が挙がっています*3。現在、アメ

＊1出所：「未来投資戦略2018」
https://www.kantei.go.jp/jp/singi/keizaisaisei/pdf/miraitousi2018_zentai.pdf
＊2出所：「（平成31年4月17日）デジタル・プラットフォーマーの取引慣行等に関する実態調査について（中間報告）」https://www.jftc.go.jp/houdou/pressrelease/2019/apr/190417.html
＊3出所：マンサー・オルソン［著］依田博［訳］森脇俊雅［訳］（1996年）『集合行為論：公共財と集団理論』ミネルヴァ書房

プラットフォーマー：GAFAの場合

その他プラットフォーマー例：メルカリ、楽天、Airbnbなど

図0-5　GAFAが提供するデジタルプラットフォーム

リカでは一国のGDPを超える時価総額をもつデジタルプラットフォーマーが、政治献金によりアメリカ政府と密接になりすぎているとの批判もあるほどです。

では、デジタルプラットフォーマーが本拠地としない日本やEUでは規制が進むのか？　これも「否」と想定しています。仮に、アメリカでデジタルプラットフォーマーへの規制が小さく、規制した場合に比べて大きい利益を享受しているとします。その場合、規制をかけたがために、日本やEUの人々は情報社会の中で不利益を被る可能性もあるため、規制への反対は必ず起きるでしょう。そうしたことから、**規制が起きても最小限に留まるでしょう**。

0-6

人生100年時代を生き抜くために

リカレント教育

今日から役立つポイント

「人生100年時代」という言葉はすっかり定着しました。超高齢化社会を迎え、私たちを支える社会保障は、すでに時代に合わなくなっています。こうしたことを知ると、キャリアなどの人的資本を蓄えて自分の価値を高め、自立していくことの大切さが実感できるはずです。

●人口減少と少子高齢化でGDPは低下

IMF（国際通貨基金）の研究によると、政策が現状のままだと40年後の日本の実質GDPは人口減少と少子高齢化によって25%低下する恐れがあります*。逆にもし労働市場改革（女性の雇用拡大、男女間や正規・非正規雇用間の賃金格差是正など）を中心に、製品市場改革や

＊出所：日本経済新聞電子版（2018/11/29）「40年でGDP25%減　IMF、日本に構造改革促す」

企業改革を含めた総合的な構造改革が実行できれば、40年後には実質GDPを15％伸ばすことができる、とも予測されています*。日本の未来像についてはさまざまな見解があり、それぞれの考え方に理由があります。しかしいずれにしても、財政赤字による将来の課税負担、先行き不安を背景とする出生率の低下、さらには労働力としての女性活躍の論点が整理しきれていないことなど、課題が複合的であることも意識していかなければなりません。

●人生100年時代には合わない社会保障

日本の社会保障制度は、1961年に実現した国民皆保険、皆年金を中核に、雇用保険、社会福祉、生活保護、介護保険制度で成り立っています。社会保障の機能には、病気やケガなど人生のリスクに対する「生活安定・向上」、社会全体で低所得者の生活を支える「所得再分配」、経済変動の国民生活への影響を緩和し、経済成長を支える「経済安定」があります。

ここでのポイントは、今の社会保障制度は、高度経済成長期の社会をモデルとしてつくられている点です。2018年10月1日現在の総人口に占める65歳以上人口の割合（高齢化率）は28・1％、平均寿命は、2017年現在、男性81・09年、女性87・26年で、2065年には、男性84・95年、女性91・35年になるとしています。社会保障給付費（年金・医療・福祉その他を合わせた額）全体では、2016年度は116兆9027億円となり過去最高の水準で、国

＊出所：日経ARIA（2019/3/29）「IMFラガルド氏　日本GDP25％縮小に警鐘と打開策」

民所得に占める割合は、29・84％です。また2016年度の社会保障給付費のうち、高齢者関係給付費が占める割合は67・2％です。**平均寿命が60代だったときにつくられたシステムは、改革が必至であることが読み取れます。**

高齢化社会をポジティブに生きるには？

長寿化はポジティブな面もあります。寿命が100歳に近づくなら社会の常識が変わり、会社や定年にしばられない自由な人生を送ることが当たり前になるかもしれないのです。2017年、「人生100年時代」の人生戦略を提示したベストセラー『LIFE SHIFT（ライフ・シフト）』の著者でロンドンビジネススクールのリンダ・グラットン教授、80代のゲームアプリ開発者、若宮正子氏ら有識者が参加し、内閣総理大臣を議長とした「人生100年時代構想会議」が設置されました。2018年、幼児教育無償化、高等教育無償化、大学改革、リカレント教育、高齢者雇用促進からなる「人づくり革命 基本構想」がとりまとめられています。

私たちが親から「正しいこと」と教えられてきたことは、社会保障制度と同じく、高度経済成長期の考え方かもしれません。リカレント教育で自分のスキルを伸ばして人的資本を育て、先細りする社会保障をふまえて資産運用を始めるなど、勤め先ありきでない自助努力が必要な時代であることを自覚しつつ、ともに価値を高めていきましょう。

豆知識 リカレント教育

基礎教育を修了した後に、必要に応じて、就労と教育や余暇などの諸活動を繰り返す教育システムで、スウェーデンの経済学者、レーンが提唱した。若者に対する教育負担の軽減、教育内容の世代間格差の解消などが期待されている。

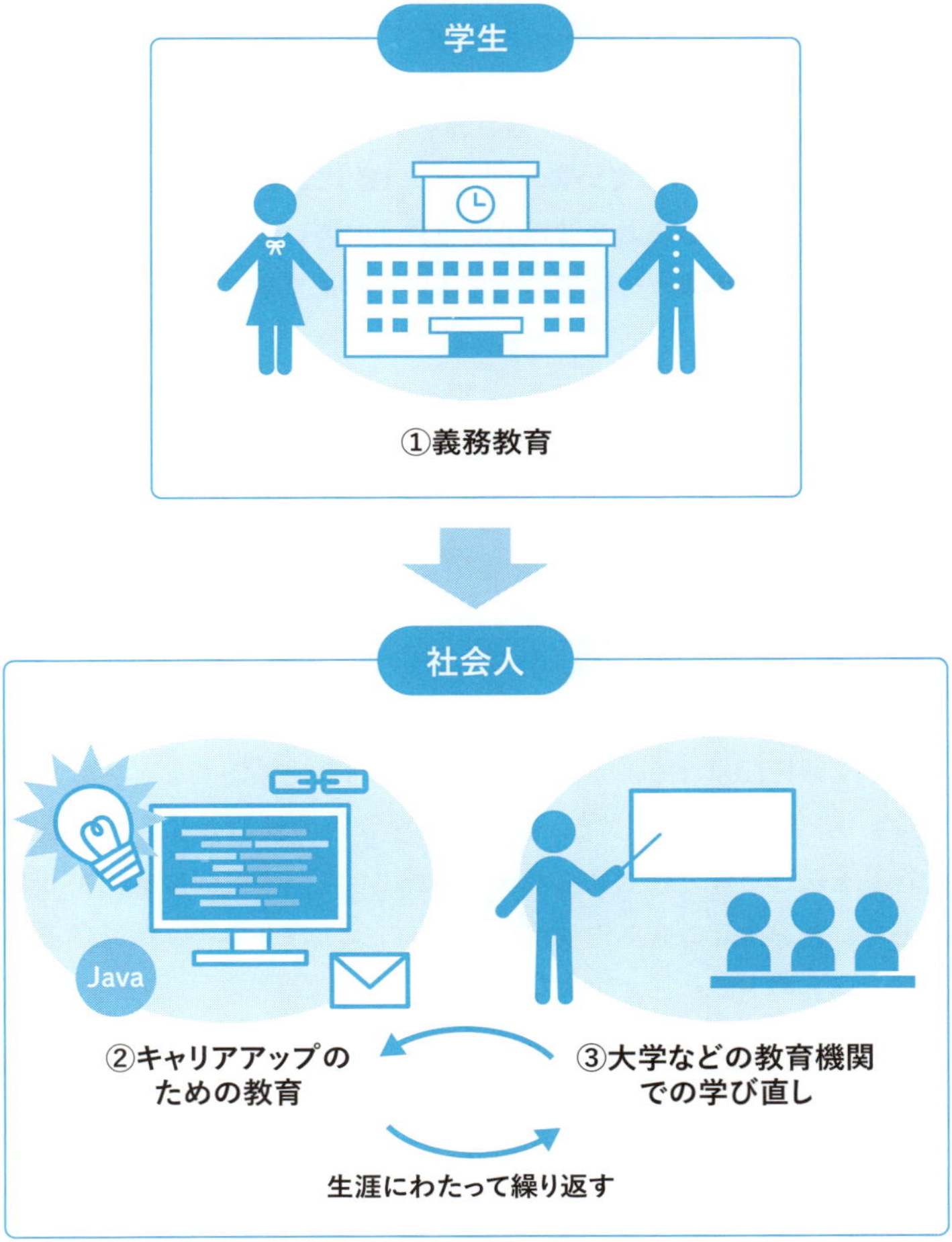

図0-6　高齢社会をポジティブに生きるリカレント教育

序 章

演習問題

0-4や0-5で学んだように、現在は個人情報を含むビッグデータを特定の企業が独占していますが、EU（欧州連合）では個人情報が本人のものであることが法律で明確にされています。あなたは国民のデータをどのように管理したらよいと考えますか？

解答欄

解答例

資金を銀行に預けるように、個人の情報を政府系機関など民間ではない第三者機関に預けて、個人データ管理の基盤となる「情報銀行」を設けるなどが考えられる。ただし、1つの機関に集約することは、意思決定コストの削減というメリットはあるが、情報独占のリスクとのトレードオフになると考えられる。

※総務省『平成30年版 情報通信白書』によると、内閣官房IT総合戦略室では2016年から情報銀行の検討を始めた。観光、金融、医療・介護・ヘルスケア、人材などの分野で、個人情報を本人が自らの意思に基づき活用することを支援する。情報銀行に蓄積された個人情報、企業が保有する産業データはデータ取引市場で取引され、企業や分野を越えたデータ流通の基盤となることが期待されている。

1章

そもそも経済学って何？

1-1

経済学はお金のための学問だと思っていませんか？

経済学の全体像

今日から役立つポイント

経済学はお金だけでなく、全ての「有限なモノ」を効率的に分配するための手法を考える学問です。住まい、健康、恋愛・結婚、働き方、食事といったジャンルも経済学の対象です。経済学の知識は、「何を選んで何を捨てるか」という意思決定をするときの客観的なツールとしても役立ちます。

●経済学は「効率的な分配」を考えるための学問

経済学というと「お金のための」学問というイメージがあるかもしれません。実は経済学は、**限りあるモノの、効率的な分配を考える学問で、その中の1つとしてお金も含まれるのです。**

経済学とひと文字違いの経営学が分析対象を経営に絞った学問であることと比べると、経済学

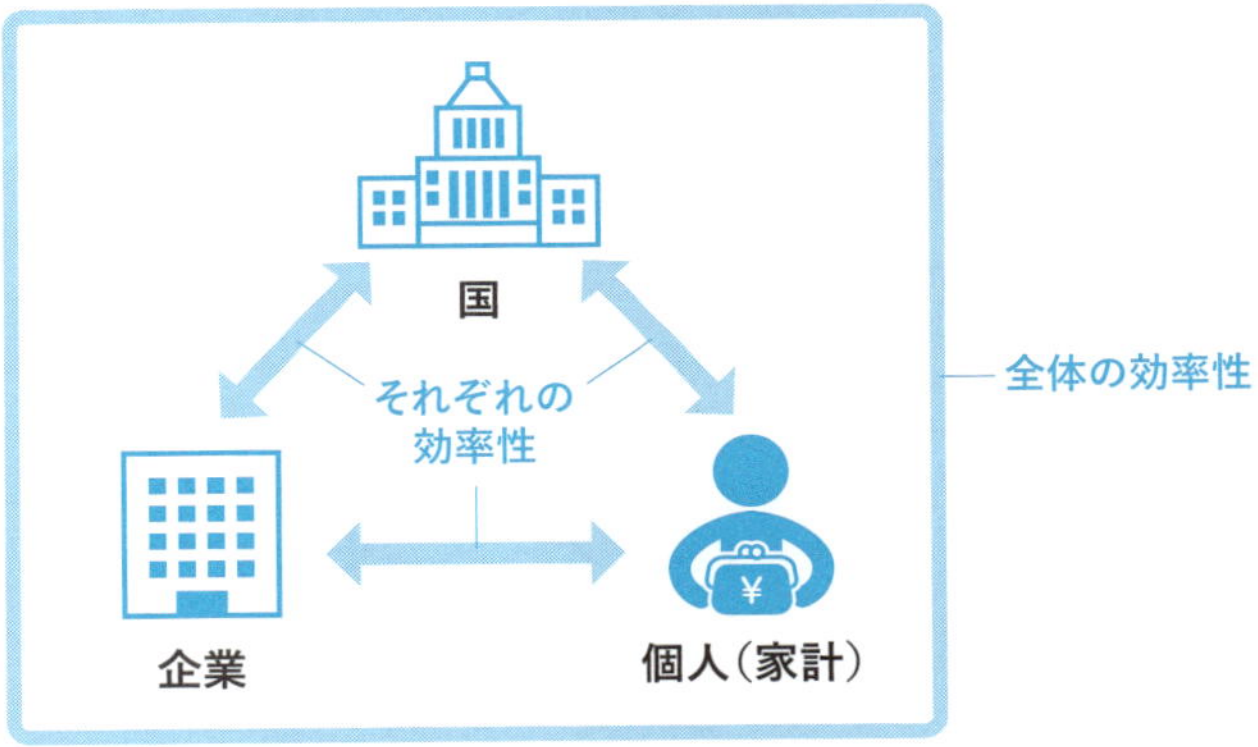

図1-1　経済学が扱う範囲は広い

は対象領域を絞らずに「手法」や「仕組み」を研究する学問といえるでしょう。

経済学の考え方は、お金だけに限らず、ものごとに優先順位をつけたり、意思決定を行ったりするときに役に立ちます。例えば、国や地方公共団体がルールをつくるとき、「それによってどのような効果がもたらされるか」、「それはよい結果なのか、そうではないのか」という判断が必要です。一例として、消費税の増税に伴う経済へのダメージを抑えるために軽減税率を導入するというアイデアがある場合、そのための社会的なコストがかかりすぎれば本末転倒になってしまいます。そこで、かかる社会的なコストが結局大きくなってしまわないかなどを経済学の視点で分析すると、国、企業、消費者といった異なる視点からの総合的な判断ができることになります。このように、政策が与える影響の予測、過去の政策による影響の検証にも経済学は役に立つのです。

●合理性を前提とした経済学は、現実社会で役に立たない？

経済学はしばしば「机上の空論で、現実社会では役立たない」と批判されることがあります。その理由の1つが、経済学の考え方では自分の取り分（資源の配分）が、経済的に最も得になるように最大限追及する「合理的な人間」を仮定としているからでしょう。現実社会の私たちは、自分が損をするとわかっていても感情に任せて行動してしまうこともあれば、自分より他人の利益を優先することもあります（1－7参照）。そうした経験があるからこそ「現実社会とかけ離れている理論が役立つのだろうか」という、経済学に対する疑問が出てくるのでしょう。

実は、これには理由があります。経済学が、現実にはあまりいない「合理的な人間」を前提とするのは、**原因と結果の因果関係をシンプルに考えやすくし、仮説をつくり、議論するときの軸をつくるため**です。合理的な人間がとるはずの選択、という1本の軸があることで、「合理的な人間」と「実際の人間の選択」の差を観察することが可能となり、「なぜそうなってしまったのだろう」という点に着目し、考察できるからです。

豆知識 合理的な人間

「自分の利益が最大になる」経済的合理性だけに基づいて、個人主義的に行動する人間は実際にはあまり存在しないが、そうしたモデルを前提とすることで、「合理的な人間ならダイエットをして成功するはずなのに、実際の私たちがダイエットに成功できないことが多いのはなぜなのだろう」と議論の軸をつくることができる。

●ITの発達で経済学は親しみやすくなった

かつて、経済学は専門家が行う小難しい計算式を並べるばかりの、理論だけの学問というイメージがありました。実際に現実に即しているか検証することが難しかったため、理論研究ありきになったのでしょう。

しかし**近年、ITの進歩でデータを使った実証研究が可能となり、経済学はより親しみやすいものに変わっています**。例えば「健康格差と所得格差」といった研究も、世界中の研究者によって行われています。さらに近年は、途上国の経済問題を分析して、寄付の経済効果を研究する開発経済学、合理的な医療制度を検証する医療経済学など、専門分野を横断した研究もさかんです。

いわゆるGAFAと呼ばれる巨大デジタル系企業も、大学院を修了し経済学の博士号をもつ人材を、積極的に採用しています。これらの企業では、収集したビッグデータ解析を行い、広告料や、モノやサービスの販売の際にどのように訴求すると効果的かを決めています。

また私たちの仕事選びや恋愛・結婚といった難しい選択に対して、経済学的な目線で判断した場合の優先順位をつけることも可能です。興味深いテーマの研究結果をメディアで発信する経済学者も増え、経済学は一層、身近になっているといえます。

1-2

経済ニュースをすらすら読む方法

「事象」と「文法」

今日から役立つポイント

多くのニュースは現在の事実に加えて、その原因や結果を含めたストーリーで報道されます。でも原因や結果の部分は、情報の伝え手による解釈にすぎません。解釈の仕方によって、結論がまったく逆になってしまうこともあります。経済学の知識を活用できれば、不確かな情報に翻弄されずに済むようになります。

●同じニュースなのに真逆の結論？

経済ニュースを見たり聞いたりして、不思議に思うことはないでしょうか？　神取道宏氏の『ミクロ経済学の力』（日本評論社）によれば、原油価格が高騰しているという事実から、中小企業の小売ガソリンの販売を伝えたニュースでは、結論が真逆のものがありました。

①「余裕のある大企業は価格転嫁できるが、力のない中小企業は販売力が弱く難しい」
②「余裕のある大企業に比べて中小企業は、余力がないために価格に転嫁せざるを得ない」

①では、つまり小売価格は上がらないだろう、という結論になり、②では、つまり小売価格は上がるだろう、というものです。このように、**ニュースは現在起きていること（事象）に、過去の原因や未来に予測される結果をセットにして、ストーリーとして報道されることが多い**ものです。でも事象以外の部分は、伝える側の解釈でしかありません。

「日本は財政破綻する」vs「日本は財政破綻しない」
「年金制度が危ない」vs「年金制度は大丈夫」

メディアの記事や、書店に並ぶ書籍には、このように、結論が対立するものがあふれています。それぞれの考え方には理由がありますので、それらを読み解いて「自分はどう思うのか」を探していくしかありません。そのときは、丸ごと受け入れるのではなく、理論に矛盾はないか、ほかに原因、予測される結果はないかを考え、納得したものを取り入れることが重要です。

●経済学で経済ニュースの法則がわかってくる

経済学はニュースを読むときの「文法」の役割を果たします。例えば、英語は耳からも覚えるほかに、英文法の知識があれば、英語という言語の法則がよりわかってくるでしょう。前にも述べたように、経済学は「資源を再配分するための手法」です。このような経済学の視点をもつと、漠然と読み流しているのに比べてニュースが読みやすくなってきます。

効率性か、公平性か？　発信側の視点を整理する

私たちが経済ニュースを難しく感じるもう1つの理由は、1つの記事の中に「効率性」と「公平性」の2つの視点が混在しているからです。経済学では「利益の最大化」を重視するため、広く平等に富を再分配する効率性の視点でものごとを判断しがちです。一例として、第2次安倍内閣の経済政策「アベノミクス」は、効率性の視点からは評価されることが多いです。でも一方で「弱者にやさしくないのでは？」という指摘もあります。こちらは公平性の視点です。経済学では「利益の最大化」を、法学では「公平性」を重視しています。効率性vs公平性は、経済学vs法学の視点の違いだともいえるでしょう。この2つの両立は難しいのです。

議論をする際にも、ある人は効率性から、ある人は公平性から意見をいっていると、かみ合わないまま話が進んでしまいます。両者はまったく違う視点であり、どちらも必要な視点です。効率性からいうと、公平性からいうと、と分けて議論すれば、深い議論になってくるはずです。

これらをふまえ、**経済ニュースに触れる際は、まず、情報の発信者が効率性と公平性のどちらの視点から情報を発信しているかを確認しましょう**。もし発信者の視点が混在していたら

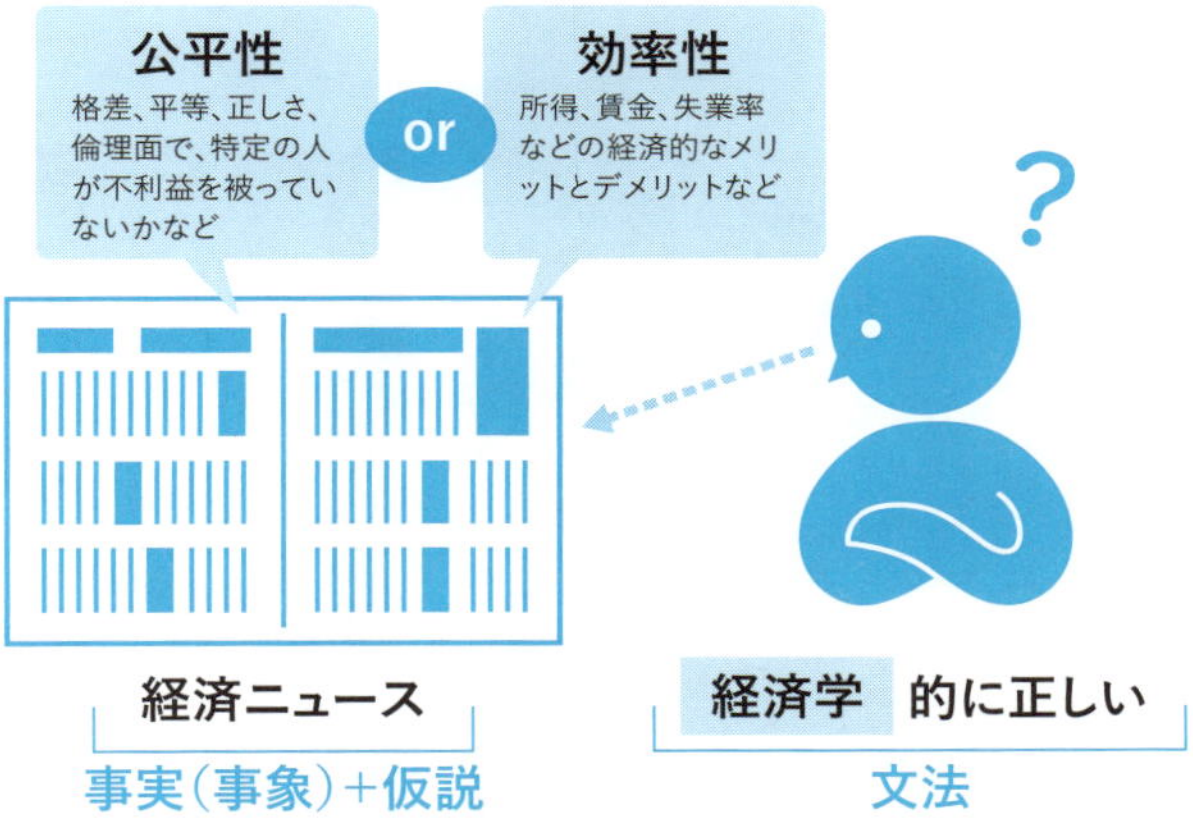

図1-2　経済ニュースの読み手が整理すべき視点

「ここは効率性、ここは公平性」と整理します。その上で自分なりに、効率性ならば公平性、というように各視点で解釈してみると、1つのニュースから広がりが生まれてきます。

●経済ニュースを読みこなすための第一歩

経済ニュースを自分なりの視点で読み、楽しむためには、経済ニュースに慣れることが第一歩です。まずは日々のすきま時間の活用がおすすめです。通勤電車の中で、ざっと経済ニュースの見出しをウオッチする、オンライン書店のランキングや、書店の店頭で経済系の書籍のタイトルをチェックすることを入り口に、経済ニュースに少しずつ慣れてみましょう。

豆知識　経済ニュースに慣れる
具体的なコンテンツの1つとして、日本経済新聞の「経済教室」では、私たちの「常識」に対して経済学者が分析、解説を行っているので初心者にも読みやすい（https://www.nikkei.com/theme/?dw=17092101）。

1-3 悩むのは、資源に限りがあるから

トレードオフ（問題）

今日から役立つポイント

時間もお金も、限りのあるもの。私たちが何かを選ぶときには、選択したもの以外の選択肢を捨てなければなりません。悩むのは当然のことともいえます。トレードオフ（問題）を知ると、限られた時間やお金の中で、自分に何が必要か選ぶことの大切さ、そして捨てるべきものは何かがわかってくるでしょう。

●「トレードオフ」は「1つを選ぶとほかは選べない」こと

進学先や就職先、恋人や結婚相手を選ぶとき、1つ（1人）を選択すると、ほかを選ぶことはできません。日常でも、外出する際に電車に乗るかバスに乗るか、どこでどんな食事をとるかというように、小さなことも含めて、私たちの人生は選ぶことの連続です。**何か1つを選ぶ**

とき、必然的にほかの選択肢を捨てなければならないことをトレードオフといい、経済学では重要な概念の1つです。

個人はもちろんですが、国家や企業もたくさんの選択を行っており、そこにもトレードオフがついてまわります。例えば、国が社会保障を充実させるために所得税や法人税を増税する案を示せば、国民や企業からは不満が出るでしょう。逆に減税すると発表すれば国民や企業からは好評でも、税収が下がった分の社会保障や公共サービスを犠牲にしなければならなくなります。国家や地方公共団体が社会福祉の予算を、高齢者福祉と子育て支援のどちらにより多く充てるのかといった選択もトレードオフです。

ビジネスの現場でも悩ましいトレードオフ

ビジネスの現場でも、私たちはトレードオフに常に直面しています。例えば仕事の中で、コストをかければもっといいものになるとわかっていながら、価格設定などを考えたとき予算の関係で質を下げざるを得ない、ということもあるのではないでしょうか？　クオリティーで妥協して予算内で納める、これもトレードオフの1つです。

製造業にとっては、在庫の量も悩ましいトレードオフ問題です。もし製品が人気で在庫が足りなくなれば、販売機会を逃してしまいます。売上好調な自社製品があれば、営業、販売の立

豆知識　国家のトレードオフ

国家のトレードオフでは、例えば「高齢者福祉」と「子育て支援」のどちらを多くしたとしても、少なくなった側からは「不公平だ」という不満が起きる。その対策としては、明確なビジョンをもって、根拠を示すことが必要になる。

場なら「もっと製造すればもっと売れる」と思いがちです。さらに「もっと設備投資すれば、もっと効率的に多く生産できる」という考えも出てくるでしょう。しかし流行はいつまでも続くものではありません。ブームが下火になるなどして売れなくなると、在庫の保管には倉庫代といったコストもかかり、売れ残ったときの大きなリスクとなります。大規模な設備投資をした後なら、なお傷が大きくなります。

売れているときに増産するのか、それとも慎重に判断するのか。**このようにトレードオフは、ときには経営を左右してしまうような難しい判断とも結びついています**。

●人が合理的な選択がしたいと望むわけ

私たちがプライベートで直面する身近なトレードオフは、お金の使い道でしょう。1カ月に自由に使えるお金の額は人それぞれですが、限りある予算の中でやりくりしています。トレードオフは金額には関係がありません。子どもが遠足にもっていくおやつ代でも、お金に余裕があって月に100万円使える人でも、通常、予算には限りがありますので、お金を使うごとに必ずトレードオフが存在します。

限りある資源として、昨今では、お金だけでなく、時間という視点も大切になってきています。可処分所得ならぬ、可処分時間という言葉も聞かれるようになりました。

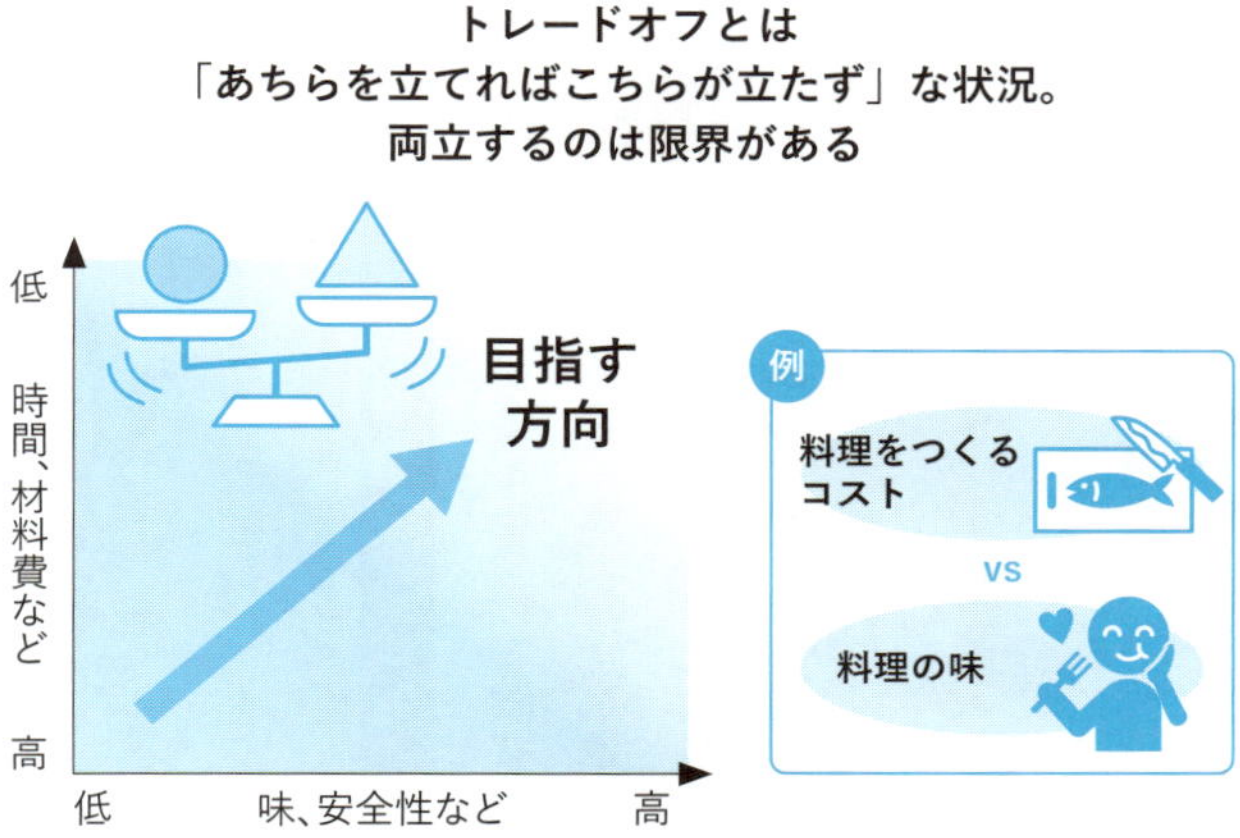

図1-3　トレードオフとは?

仕事が終わった後の時間、恋人や友達とディナーを楽しむのか、ビジネスセミナーに行くのか、スポーツジムで汗を流すのか、というように、私たちは時間の使い方でトレードオフに直面することが増えているのではないでしょうか。さらに情報があふれる現代は、SNSなどを通じて魅力的なスポット、自分磨きのノウハウなど、膨大な情報が目に入ります。「お金も時間も有限」ということに無自覚でいると、あれもこれもと手を出して、結局お金も時間も無駄にしてしまうことに陥りがちです。トレードオフを自覚して取捨選択し、その中から合理的な選択をすることや、ときには思い切って何かを捨てることも大切になってくるでしょう。

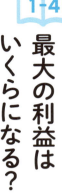

1-4 最大の利益はいくらになる？

機会費用

今日から役立つポイント

時間やお金といった有限な資源を有効活用したいとき、機会費用という考え方が役に立ちます。今夜の飲み会に行くべきか、キャリアでどんな選択をするべきか。選んだ選択肢から得られたもの、捨てた選択肢から得られたはずのものを書き出してみましょう。こうした比較は、ものごとを決めるときの１つの指標となります。

●過去と未来の選択を機会費用で考えてみる

ここまで、「1つを選ぶと、ほかは選べない」ことから逃れられないことを学んできました。そうなると、選ばなかったことで、どのくらいのものを失うのかが気になります。

あなたに「プロ野球選手になる」や、「売れっ子の漫画家になる」といった夢があるとします。夢がかなえば、経済的には大きな成功を収めることができますが、もし夢がかなわなかったとき、経済的にはリスクが大きいかもしれません。一方で、企業に就職して、野球や漫画はアマチュアとして趣味で楽しめばいい、という考え方もあります。このケースで、例えばプロを目指す方を選んだ場合、選ばない方の選択肢である、企業に就職したときに得られるはずの生涯年収が、機会費用にあたるでしょう。

機会費用の考え方は、ビジネスの意思決定でも使えます。例えば、ある企業が立地のいい場所に不動産をもっている場合、自社ビルとして使うことのほかに、自社は少し賃料の安い場所に引っ越して、そこを賃貸不動産として活用して賃料収入を得るという選択肢もあります。また、上場企業が「株主価値を上げたい」というとき、具体的には配当を増やす、設備投資をする、従業員のモチベーションを上げるために報酬をアップする、とさまざまな選択肢がありま す。本来は「やってみて、最もよいモノを選ぶ」としたいところですが、それでは時間やコストがかかってしまいます。

こうしたケースで、経済学的にそれぞれの機会費用も検証できるでしょう。未来のシミュレーションとして、ほかの選択をしていたらどうなるのかということも、過去を振り返ってほかの選択をしていたらどうだったのか、ということも価値ある検証です。**機会費用は、これからの戦略に活かすことも、過去を振り返ることにも使えるのです**。

最低賃金を上げる、上げないなど社会政策の判断にも使える

機会費用の考え方は、政策にも活用されています。例えば「最低賃金を上げる」ことは労働者にとっては望ましいものの、「最低賃金を上げたら企業は雇用を減らしてしまうだろうから、上げない方がいい」といった反対意見も出てきます。上げた場合、上げなかった場合は1つの地域ではトレードオフなので同時に行えません。そのため、立場の違う人たちの議論が平行線になりがちです。しかし、**近年は経済学の実証研究の結果を用いて、機会費用の検証に役立てることができるようになりました**。

最低賃金のケースでは、最低賃金を上げたアメリカのニュージャージー州と、上げていないペンシルバニア州を比較した実証研究があります*。研究者たちは、最低賃金を上げていないペンシルバニア州を、最低賃金を上げたニュージャージー州にとっての仮想現実とみなして比較、検証しました。この2州を選んだのは、産業構造が似ており、景気などの要因を除外して比較するのに適しているという理由からです。結果として、最低賃金を上げても雇用には影響しないことが確認されています。

もちろん、海外の事例がどの国にもあてはまるわけではないため、社会や文化の違いなどについて、考察を加えなければなりません。でも、「最低賃金を上げてもその地域の雇用は減っ

豆知識　最低賃金のケース

アメリカの経済学者デービッド・カードとアラン・B・クルーガーの研究（1994）。
最低賃金を上げたニュージャージー州と、上げていないペンシルバニア州を比較し、
最低賃金を上げても雇用には影響しないことを確認した。

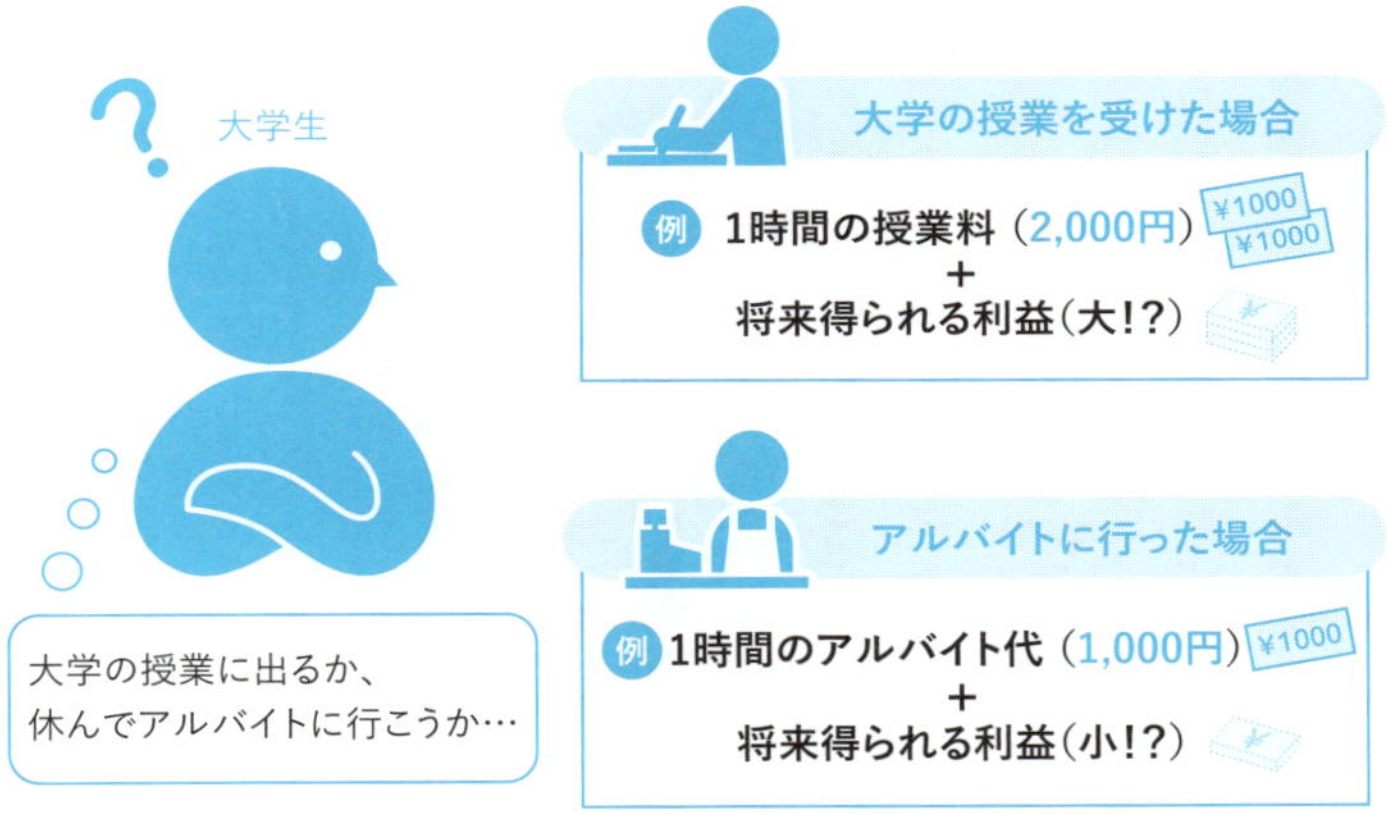
大学生
大学の授業に出るか、
休んでアルバイトに行こうか…
大学の授業を受けた場合
例 1時間の授業料（2,000円）
＋
将来得られる利益（大!?）
¥1000
¥1000
アルバイトに行った場合
例 1時間のアルバイト代（1,000円）
＋
将来得られる利益（小!?）
¥1000

図1-4　機会費用とは?

ていない」という**研究事例をベースにすれば、議論を深めることができるのです。**

●機会費用の考えを人生の選択に活かす

例えば、私たちが仕事で「総合職勤務か、エリア職勤務か」といったことを選ぶときには、給与に加えて、満足感、ワーク・ライフ・バランス、といったことも考えます。人生を機会費用で考えるときは、自分にとって必要な価値観を加えて考えるべきでしょう。それぞれの選択肢について、得られるモノを書き出すなどしてみましょう。進学先やキャリアでの選択、子どもの進路選択などの判断基準として、機会費用の考えは、人生にも役立ちそうです。

＊出所：（1993）“Minimum Wages and Employment: A Case Study of the Fast-Food Industry in New Jersey and Pennsylvania”（ http://davidcard.berkeley.edu/papers/njmin-aer.pdf）

1-5

その商品の需要は何で決まる?

代替財と補完財

今日から役立つポイント

ほかのモノやサービスにとって代わられやすいモノを代替財、補うモノを補完財といいます。この考え方を知ると、仕事で企画した「その商品やサービスが何かの代替にならずに済むにはどうしたらいいのだろう?」と考えるきっかけが得られるかもしれません。

●うちの商品の代替品って何だろう?

一息つくときに「コーヒーか紅茶か」という選択はよくあります。このとき「コーヒーがなければ紅茶でいい」、「紅茶がなければコーヒーでいい」という人にとって、コーヒーは紅茶を、紅茶はコーヒーを代替する存在で、代替財であるといいます。一方、コーヒーとコーヒークリ

図1-5　代替財と補完財（一例）

ーム、コーヒー豆とエスプレッソマシンのように、お互いを補うのが補完財です。何かの理由でコーヒー豆の価格が暴騰したら、補完財の売上にも影響することが考えられます。

ビジネスでは、自社製品が他社製品に代替されないかをチェックすることは大切です。飲み物やお菓子はライバル社の商品と代替されやすい一方、シリアルと牛乳、パンケーキミックスとメープルシロップのように、補完財になる商品もあります。また、例えばバターの市場を独占している企業があった場合、もし、消費者がマーガリンでいいとなれば、その企業は顧客をとられることを気にして、あまり価格を上げられません。いろいろな代替財と補完財を想定することは、商品の値付けといったビジネスの現場でも重要なのです。

豆知識　いろいろな代替財と補完財

身近な代替財の一例としては、コンビニでの商品選びにおいてビールと発泡酒、サンドイッチとおにぎり、といったものだ。一方で身の回りの補完財としては、自動車とガソリン、ゲーム機とゲームソフトなどが挙げられる。

1-6

マクロとミクロという2つの分野に分けて考える

マクロ経済学とミクロ経済学

今日から役立つポイント

ITの進歩とビッグデータ解析で、近年の経済学は大きく進歩しました。経済学は今や、多くのものごとの優先順位付けに役立っています。世の中の仕組みに貢献している経済学の歴史を、ここで簡単に振り返りましょう。時代とともに進化する経済学の流れを知れば、あなたの「学びたい」という意欲はさらに高まるはずです。

●市場任せでよいと考えられていた

「不景気で失業者が多い」と聞いても、私たちには違和感がありません。でも20世紀の初めまでは、働きたいのに働けない人（非自発的失業者）は存在しないと考えられていました。

当時の経済学では、**失業とは次の仕事に移る間の一時的な失業（摩擦的失業）と、よりよい**

仕事を探すための失業（自発的失業）の2種類しかありませんでした。労働市場を需要と供給だけで成り立つとして考えれば、供給側である労働者は、もっと低い賃金を受け入れれば仕事が得られるはず、ということになります。こうした需要と供給の関係をベースとした伝統的な経済学は、後に、個人、企業などの視点から市場のメカニズムを分析する、ミクロ経済学の軸となりさらに発展していきます。

●世界大恐慌を背景にマクロ経済学が発達

1929年、世界で大恐慌が起き、失業者が大量に発生します。伝統的な経済学の考え方では経済はやがて元に戻るはずで、確かにそれまでは、恐慌が起きても経済は回復していました。ところがこの大恐慌は世界を巻き込み、混乱が続きます。こうした時代を背景に、1936年に『雇用・利子および貨幣の一般理論』を発表したのが、イギリスの経済学者ケインズです。ケインズは失業と不況の原因を明らかにするなどして、労働者が望まないのに失業する非自発的失業の仕組みを理論化することでその存在を証明し、財政出動、金融政策など、国が経済に介入することの大切さを主張しました。

この考えは、「ケインズ革命」と呼ばれる近代経済学の大きな変革をもたらすことになります。**ケインズの理論をもとに、国家、市場などの大きな視点から経済のメカニズムを研究する**

マクロ経済学が生まれ、経済学のもう1つの大きな流派になりました。

ミクロ、マクロの両方で経済学的な視点が深まる

ここでミクロ、マクロの2つの経済学を簡単に比較します。ミクロ経済学、マクロ経済学はともに、効率的な配分を考えることが目的ですが、その視点が異なります。例えば、世の中に効率的にお金を行き渡らせたいとき、全体を俯瞰して「金利を下げればお金が借りやすくなる」と分析するのがマクロ経済学的な視点です。それに対してミクロ経済学は個々の人や企業に着目し、「金利が下がってもお金を借りることができない場合がある」という分析がありま す。2つの視点をもつことで、私たちはよりバランスのとれたものの見方ができるようになったといえるでしょう。

現在も、ケインズの理論から生まれたマクロ経済学は、世界の経済政策に大きな影響を与えています。こうしたことが、政府が市場に積極的に介入するようになった起源の1つです。

ケインズはとても大きな誤算をしていた!?

ケインズ以降の歴史を振り返ったとき、主要先進国で大恐慌は起きていません。**マクロ経済学の考えを取り入れて国が公共事業などで景気を支えることには、効果があったといえます。**

豆知識　経済政策

政府が経済成果を実現するために行う政策。マクロ経済政策には、政府の財政政策や中央銀行の金融政策、ミクロ経済政策には、競争的な市場環境の維持・促進のための競争政策、価格、数量などの経済的規制政策、政府が特定の産業の発達を保護するなどして産業構造を変化させる産業政策などがある。

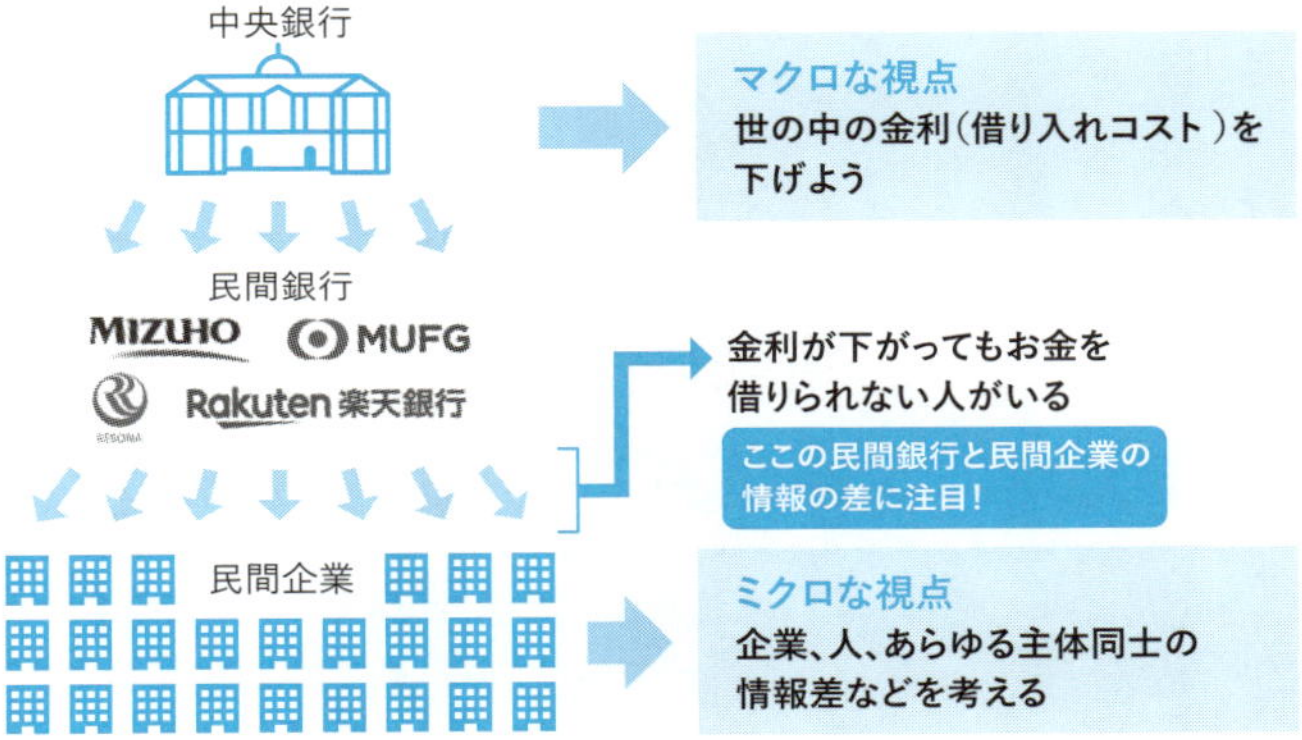

図1-6　マクロな視点とミクロな視点の金融政策

一方で、ケインズは非常に大きな誤算をしていたとの批判もあります。彼は、政府が赤字国債（5−4参照）を発行して財政出動を行っても、景気が上向いたらそれをやめて、国債を償還すればいい、と考えていたのです。ところが政府を動かすのは選挙で選ばれる政治家です。

実際は、私たちがよく知るように、景気回復後も、政府は公共事業や景気刺激のための支出をやめられませんでした。政治家はもちろん、官僚にとっても、国民から不満が出るようなことはなかなかしづらいのが現実です。「国の財政赤字」は、経済ニュースで頻繁に見かけるトピックです。現在の日本をはじめとした国々の巨額な財政赤字の原因は、「国は、ケインズが考えていたような合理的な行動はできなかった」というところにもあるのです。

1-7

経済学の世界を広げたココロの分析

行動経済学

今日から役立つポイント

なぜ、不正を起こして高い地位を棒に振ってしまう人がいたり、財政が厳しいのに大盤振る舞いする政策が生まれたりするのでしょう。行動経済学は、私たちがつい、目先の小さな利益を選んでしまう傾向を教えてくれます。行動経済学を知ると、人や政府の行動を糾弾する前に、なぜそうした行動に至ったのかの考察ができます。

●客観的に見れば非合理でも私たちはやはり合理的な選択をしていた

後悔するようなことを、なぜ私たちはしてしまうのか？　これに注目したのが経済学の新しい流派、行動経済学です。２００２年のアメリカ・プリンストン大学のダニエル・カーネマン教授に続き、近年では２０１７年にアメリカ・シカゴ大学のリチャード・セイラー教授がノー

ベル経済学賞を受賞したことで行動経済学が再び脚光を浴びました。この行動経済学には、誤解されている面があります。前提として、大きなポイントを2つ押さえておきましょう。

①行動経済学は従来の経済学を否定するものではない

②行動経済学は「人間の非合理な行動を説明する学問」と解説されることがあるが、人間が非合理ということではない

伝統的な経済学では、合理的な人間の行動と、実際の私たちの行動がかけ離れていることは多くあること、しかし議論の軸をつくるためにも、実際にはあまり実在しない「合理的な人間」を設定する必要があることを、を1－1で学びました。行動経済学は、こうした伝統的な経済学をベースとした上で、一見非合理に思われる人間の行動を非合理としてしまわずに、合理的ということの幅を拡大して考えます。これによって、合理的な人間の行動を前提とした**伝統的な経済学では説明することが難しかった現象を、人間行動をベースにして実証的に捉えることができる**ようになりました。

少しわかりづらいので、例を挙げてみます。健康によくないとわかっていながら、深夜についお菓子に手を伸ばしてしまう、という私たちの行動から考えてみます。

①伝統的な経済学で想定している合理的な人間から見れば、夜にはカロリー摂取をしないことが合理的とする

②空腹時に食欲を満たすのは合理的とする

このように、夜中の自分にとって食べるという行動は健康に悪い一方で合理的な側面もあるのです。

●「お金に色をつける」も行動経済学で説明できる

お金の例でも見てみましょう。あなたの手元に100万円があり、一方は宝くじの当せん金、他方は節約して毎月コツコツ預金したお金だとします。伝統的な経済学では「どちらも同じ100万円でしかない」と考えますが、実際の私たちは、当せん金なら散財してしまっても、節約して貯めたお金なら、簡単には使えないかもしれません。こうした「お金に色をつける」行動も、人間にとっては合理的な側面があります。

こうした行動は、メンタルアカウンティングと呼ばれる行動経済学の概念の1つです。お金を扱うとき、メンタルアカウンティングを意識すると、「自分にとっては合理的でも、客観的には合理的な行動をしていないときがある」ということがわかります。これは資産運用や投資、大きな買い物をする際、感情に流されないで冷静な判断をするために役立つでしょう。

豆知識　メンタルアカウンティング

メンタルアカウンティングは資産運用や投資をするときの冷静な判断に役立つとともに、一方では、「記念日用」に高額消費を促すなど、顧客に商品を売り込みたいときにも活かせる。

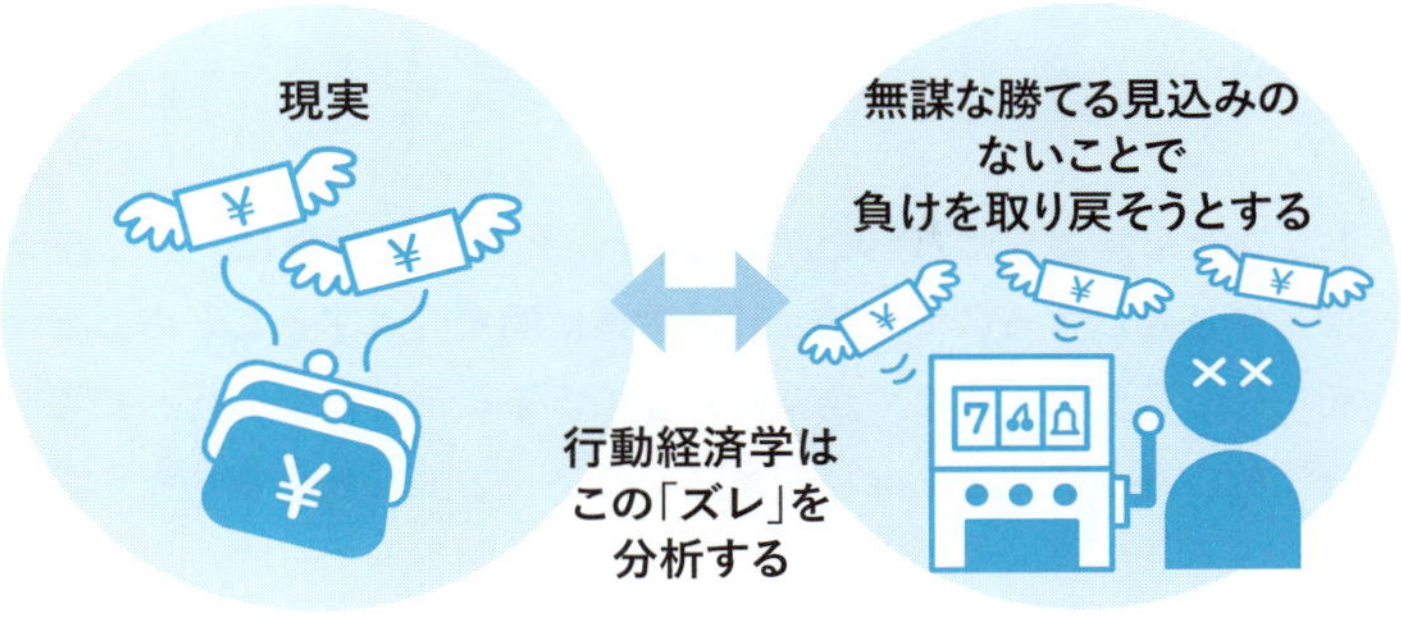

図1-7　行動経済学とは?

●無謀な行動も自分にとっては合理的？

一度手に入れかけたのに失ったものは、実際よりも素晴らしく見えるという「逃がした魚は大きい」ということわざがあります。人間は一度手にしたものを失うことや、損をすることが苦手です。その一方で、ギャンブルなどで負けが続いた後で、一気に取り返すために、普段はしない無謀な賭けに出てしまう、といったシーンはドラマや映画でもよく描かれています。こうした、**私たちがとりがちな行動を検証するのも行動経済学の役割です**。

このようなことから、自分には不可解に思える他人の行動も、行動経済学的に分析すれば、「もしかしてこう考えたのだろうか」と考察が深まり、その人の問題解決に協力することができるかもしれません。また相手に先手を打って、よりよい選択ができるように考えることができるようにもなるでしょう。

1 章

演習問題

1-6で学んだように、1929年に起きた大恐慌を背景に、ケインズは市場任せにするのでなく、経済政策に国が介入することの必要性を主張しました。人々や企業が欲望のままに市場取引を行った場合、経済的、社会的にどんな「望ましくないこと」が起きるか考えてみましょう。

解答欄

解答例

例えば、市場メカニズムが働かず1つの企業による独占、複数の企業による寡占が起きれば新規参入が妨げられて競争が起きづらくなり、価格が高止まりする。企業が過度の利益追求を優先すると、労働環境が悪化する、公害が引き起こされて環境汚染が深刻化する、商品の質が低下することなども懸念される。

※市場のメカニズムが働いた結果、経済的、社会的に望ましくないことが起き、非効率な資源配分が起きてしまうことを「市場の失敗」という。独占禁止法の制定、税の再配分、公共事業による経済浮揚などの政府の介入は、効率性を高めるために行われる。ただし、政府の政策の失敗によって、一層の非効率がもたらされることもある。

2章

家計や企業を考える「ミクロ経済学」

2-1 ミクロ経済学とは？

ミクロ経済学の全体像

今日から役立つポイント

交渉などの場で「自分の利益の最大化」という経済学の視点で優先順位をつけると、お互いの利害関係を明らかにできます。経済学の視点でメリット、デメリットを把握することで交渉が進み、譲歩や妥協を含めて合意がとりやすくなるでしょう。これはビジネスだけでなく、家族や友達と何かを決める際にも役立つはずです。

●アマゾン第2本社移転の誘致にはメリットがあるのか？

２０１７年、アメリカのＩＴ大手アマゾン・ドット・コムが第２本社の構想を打ち出し、多数の都市が助成金と税優遇措置を提案して誘致合戦を展開しました。将来的には雇用や税収のアップといったプラスの効果があると予測したからです。ところが２０１９年、最終候補地の１つ、ニューヨーク市の計画が白紙になったと報道されました。助成金と税優遇措置について

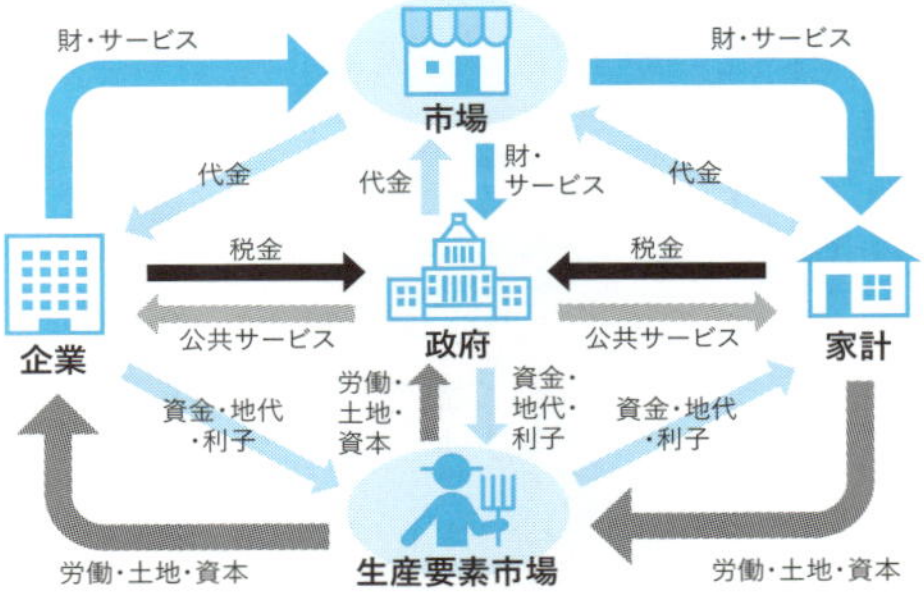

図 2-1　分析対象となる主な経済主体の流れ

地元の政治家から反対が起き、市民からも、賃貸住宅の家賃が高騰、学校が不足するといった懸念の声が挙がったからだといわれています。

アマゾンとニューヨーク市の立場で期待される「利益の最大化」を整理すれば、本当に住民に不利益だけではなく利益がないのかを、経済学的にも検証できるでしょう。**ミクロ経済学は、このように個人や企業などの個々の経済活動から、利害を検証し、市場のメカニズムや景況を分析する学問でもあります。**

利害の一致しない人同士の交渉では、お互いにとって何が一番利益になるのかを整理しながら話すと、スムーズに交渉が進むでしょう。

お互いの利益の最大化を意識しながら利害関係を整理し、手早く取り決める。それができれば「意思決定の早い人」になれるはずです。

豆知識　何が一番利益になるのか

実際には、当事者だけの（内生的な）要素だけでなく、外部の（外生的な）要素も影響する。家事・育児の分担なら、行政や勤め先のサポート制度の有無、ベビーシッターや家族のサポートが受けられるかが外生的な要素となる。

2-2

なぜその選択をしたのか？

インセンティブ

今日から役立つポイント

企業や政府機関の不正の報道を見て、私たちは怒りを覚えます。でも倫理観だけでは、残念ながら犯罪は消えません。インセンティブの考え方を知ると、「罪を憎んで人を憎まず」ではありませんが「制度を憎んで人を憎まず」の視点で、制度そのものを変えてしまうといった、問題解決への新しい視点がもてるでしょう。

●上司の行動をインセンティブで変える

上司が社長のご機嫌とりばかりして、部下を育てたり守ったりしない、というとき「上司はこうあるべき」と論理の観点から主張しても、単なる愚痴で終わってしまいます。出世しか考えない人にとっては、社長のご機嫌をとることが昇進への近道かもしれないからです。でもこの会社が、部下からの評価を昇進に反映させる人事制度を導入すれば、面倒見のいい上司にな

インセンティブ（動機づけ、要因）

自分の利益を最大化するための動機や要因。人に特定の行動を引き起こすことができる

➡ **過去の行動のインセンティブを分析すると、制度の改善にも役立つ！**

図2-2　人々は利益や費用に反応する

ることが、昇進するための合理的な選択になりえます。

このように、自分の利益を最大化するための「何を」「どのように」といった動機や要因のことをインセンティブといいます。冒頭の例のように**インセンティブは人の行動を変えることができ、うまく使うことで、結果として問題を解決することも可能**になります。

経済学はインセンティブを探究する学問でもあります。例えば、企業で不正会計問題が起きたら、不正がなぜ合理的な選択となったのかを分析し、「大きな仕事が受注したかった、金融機関から資金調達したかった、株価を上げたかったというインセンティブがあったから目先の利益をよく見せた」というふうに整理します。さらにそれを招くことになった制度の問題や改善すべき点を、社会に向けて提案します。私たちも、インセンティブの視点でものごとを観察すれば、より冷静な分析ができるようになり、交渉ごとにも役立つでしょう。

豆知識　インセンティブ

インセンティブは私たちの意思決定や行動を変化させることもできる。例えばガソリンの価格が上がれば低燃費の車を買うインセンティブが高まる。「ポイント5倍デー」のような企業のマーケティングでもよく使われる。

2-3

商品の価格を決めるルール

需要と供給

今日から役立つポイント

旬の野菜は安く買えることが多く、逆に天候不良などで収穫が減れば、野菜の高値が続きます。モノの値段は買い手（需要）と売り手（供給）のバランスで決まります。需要と供給の関係を意識すると、自社や他社の製品やサービスの価格設定を客観的に考えることができるでしょう。

●ミクロ経済学の理論では需要と供給の一致で値段が決まる

高名なアーティストの作品に何億円もの値段がつくように、代わりのきかない存在への需要は高くなり、経済的な価値が上がっていきます。**モノやサービスの値段は、買い手側の需要と、売る側がどれだけ供給できるかのバランスで決まります**。これが需要と供給の関係です。

ミクロ経済学では、市場での需要と供給の関係をグラフであらわします。縦軸を価格、横軸

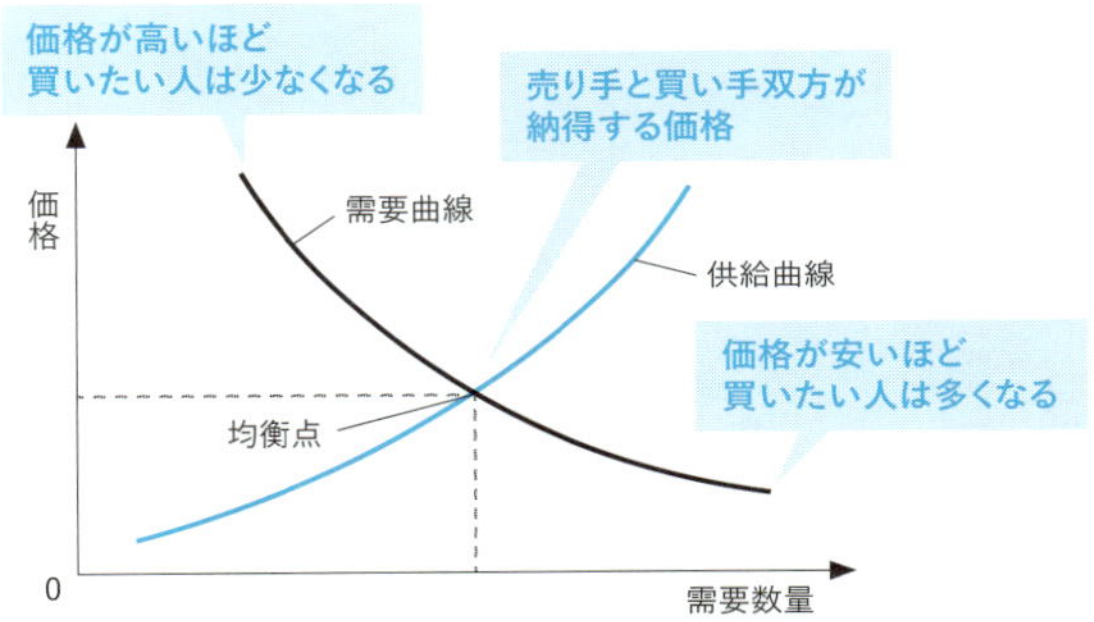

図2-3　需要と供給の関係

を需要数量としたとき、買いたい人が欲しいと思う量（需要量）は、価格が高ければ少なく、価格が安くなれば多くなります。ですから需要曲線は右肩下がりです。逆に、売り手側が売りたいと思う量（供給量）は価格が安ければ少なく、価格が高ければ多くなります。よって、供給曲線は右肩上がりです。2本のグラフを重ね合わせたものが、図2－3の需給曲線で、2本が交わった一点が、売り手、買い手それぞれが納得する販売価格（均衡点）です。しかし、「値段はそう簡単に決まらないのでは？」と疑問をもつ人もいるでしょう。

　経済学では因果関係をわかりやすくするためにまずシンプルなモデルで考えるのです。実際のモノの値段は、需要と供給だけではなく、流行や個人の嗜好など多くの要素で決まります。また中には、需要と供給の関係がまったく成り立たない、価格が上がると需要が増えるギッフェン財も存在します。

豆知識　ギッフェン財

値段が高いからこそ価値があるモノ、高い値段で買うことで満足するモノ。もつことでステータスになり、人に誇示できるブランド品、希少性の高いものがギッフェン財になる。需要と供給の関係が成り立たず、グラフでは右肩上がりの直線になる。

2-4

需要は何で決まる？

需要の法則

今日から役立つポイント

ミクロ経済学の法則では、価格は需要と供給の関係で成り立っていると学びました。では、需要は何によって決まるのでしょう？　需要の法則がわかると、例えばあなたのビジネスが安売りで薄利多売か、それとも付加価値をつけて1個あたりの単価を上げることを選ぶのかといった、方向性を考えるときの手がかりとなります。

●ZOZOのビジネススーツは市場の価格を下げ、需要を増やした!?

モノやサービスの価格が上がると需要が減り、価格が下がると需要が増える、これを需要の法則といいます。縦軸を価格、横軸を販売数量として視覚的に表現すると、右肩下がりの直線のグラフになります。例えば、有名ブランドの化粧品が期間限定で大幅値下げになったら、販売数が大幅に増えるでしょう。これは需要の法則があてはまる例です。

豆知識　需要の法則

価格が上がると需要が減り、価格が下がると需要が増えることを需要の法則という。逆に、価格が上がると供給量が増え、価格が下がると供給量が減ることを供給の法則という。需要の法則と同じく、実際の供給は規制や人手不足などの影響も受けるため、法則があてはまらない場合もある。

需要の法則 他の条件を一定として、需要量が価格の上昇に応じて減少し、価格の下落に応じて増大するという関係

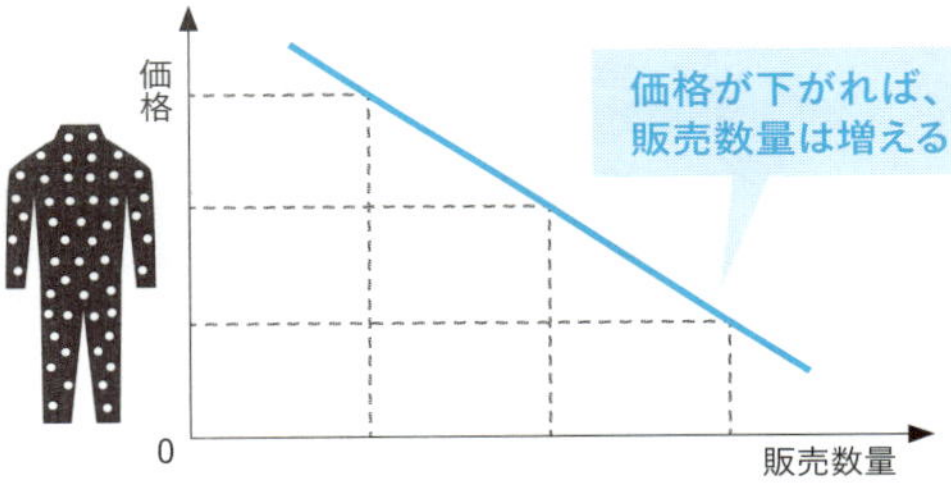

図2-4　需要の法則

ファッションショッピングサイトの運営を行うＺＯＺＯが安価なスーツの販売を始めました。ＺＯＺＯの参入で、かつては価格が高く、限られた人しか買うことができなかったオーダーメイドスーツ市場にどう変化が起きたと考えられるか、グラフで考えてみましょう。安価な商品が登場したことでグラフの縦軸の価格が下がると、横軸の平均販売数量が増えます。つまりＺＯＺＯの参入で市場価格が下がり、需要が増えたことが説明できます。結果、市場そのものも大きくなったと考えられます。**このように、企業の新規参入は、従来の市場に大きな変化をもたらすことすらあります**。

しかし知名度がなかったり時代遅れだったりといった理由によって、どんなに値下げしても売れない商品もあります。このように、現実社会では、需要の法則があてはまらない場合もあります。

2-5

値下げして儲かる商品・儲からない商品の違いは？

需要（供給）の価格弾力性

今日から役立つポイント

ビジネスで売上を伸ばしたい、というとき「値下げしよう」という方向になりがちです。しかし値下げは万能ではありません。ここでカギとなるのが需要の弾力性です。自分たちが提供している商品やサービスには需要の弾力性があるのか、ないのかをまず分析すると、値下げの効果の有無がわかります。

●ブランド品の「まとめ買い」はできても食品の「まとめ買い」には限界が

服のセールが行われていたら、まとめ買いしようと思うかもしれません。しかし、食品がセールでも、胃袋も保存にも限界があり「まとめ買い」にも限界があります。また、食品などは値上がりしても、生きていくためにも極端に購入量を減らすことはできません。

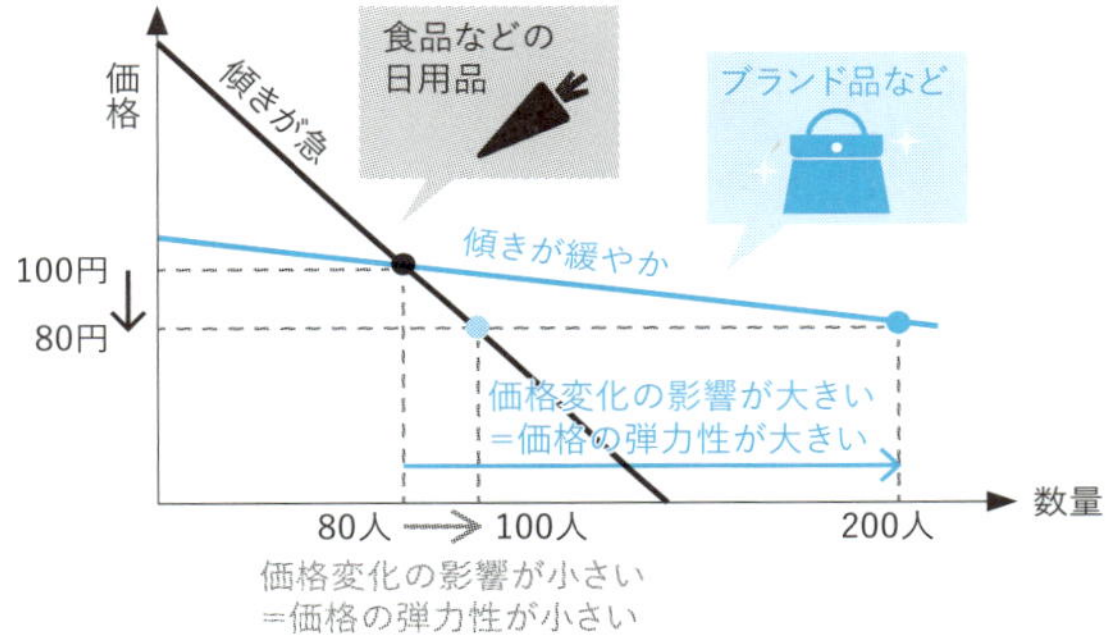

図2-5　需要の価格弾力性のグラフ

このように、価格に対して需要が大きく変わるモノを、需要の価格弾力性が大きいといいます。一方で、それほど変化が見込まれないモノを、需要の価格弾力性が小さいといいます。**ただし、同じような商品でも技術革新などによって弾力性が大きくも小さくもなることが考えられます**。例えば、未来の食品はほぼ永久に、しかもコンパクトに保存できるかもしれません。その他では、産業トレンドの変化からも影響を受けます。

需要の価格弾力性の視点は、ビジネスでも大事で、値下げしても需要増加が見込めるモノとそうでないモノを予測するために必要です。また価格に応じて供給をどのように変化させるべきかは、供給の価格弾力性の概念を押さえておきましょう。

豆知識　供給の価格弾力性

需要の価格弾力性とは逆に、価格の変化で供給量がどのくらい変化するかをいう。人手が足りないとき、アルバイトの時給を２倍にしたら応募者が殺到する、こうした場合を供給の弾力性が高いという。逆に、日本酒ブームの到来でもっと高く売れるとわかっていても、お酒はすぐには増産できない。こうした状況を供給の弾力性が低いという。

2-6

限界効用

1杯目のビールは、なぜおいしいのか？

今日から役立つポイント

1杯目のビールのおいしさに比べると、2杯目、3杯目の満足度はどうしても下がってしまいます。限界効用を学ぶと、商品やサービスのリピーターになってもらうことの難しさが理解でき、そのための戦略を練るのに役立つでしょう。

2杯目、3杯目のビールの満足度はどんどん減っていく

暑い外で1日中働いた後に飲む1杯目のビールの満足度は非常に高いものですが、2杯目、3杯目、と追加するうちに、だんだんとその満足度は減っていきます。

ミクロ経済学では、1単位追加したとき（この場合、1杯目、2杯目と飲むとき）、**どのくらい満足度が上がるか（追加分のビールから得られるメリット）の変化の様子を示したものを限界効用（Marginal Utility）といいます**。Marginalは限界的という意味で、限界とは「追加

豆知識　どのくらい満足度が上がるか

ここでは満足度としたが、限界効用の「効用」とは主観的な欲望の満たされ具合を示す。何を効用とみなすかは、研究の初めに設定する。

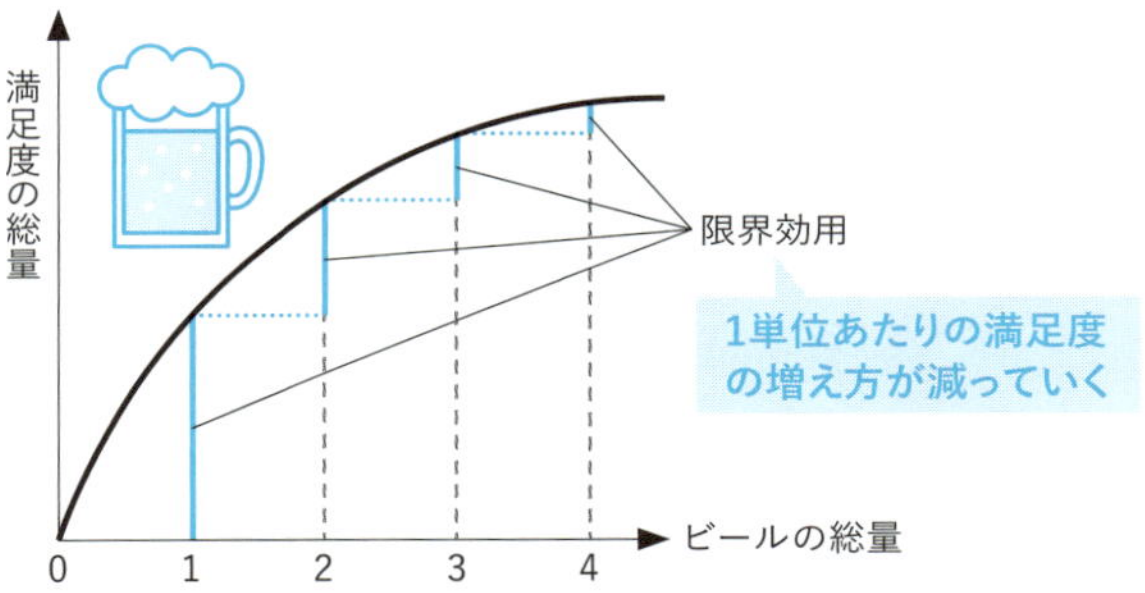

図2-6 ビールの限界効用

的な」というニュアンスで捉えるといいでしょう。

おかわりを重ねるうちに、追加して得られるビールの満足度は減っていきます。一般的に、消費量が増えるにつれて、追加して消費した分から得られる満足度（効用）は次第に小さくなるものです。これを限界効用逓減《ていげん》の法則といい、図2－6のようにグラフで表現できます。最初の1単位（ビール1杯）の満足度は大きく、追加するごとに満足度が減っていくことがわかります。

ただ、例えば金の延べ棒の場合、2本目、3本目で満足度が下がる人は珍しいはずです。このように、**どれだけもっていても限界効用は高いままのモノも存在します**。一般的には、手に入りやすいモノの限界効用は低く、希少性の高いモノの限界効用は高いといわれています。

2-7

あなたの選択は見られている!?

ゲーム理論

今日から役立つポイント

他者の出方を見ながら意思決定をするゲーム理論の考え方は、企業のマーケティング戦略だけでなく、人間観察にも役立ちます。あなたの周囲に、出すぎた行動をしないように同調圧力をかけてくる人はいませんか？　ゲーム理論を応用すると、その人は出し抜かれたくないから、周りをけん制するとも考えられるでしょう。

●協力しなかったことでお互いが不利益を被ることもある

ここまで、経済学の考え方として「自分の利益を最大化する」という前提で話を進めてきました。でも実際には、ライバル社の戦略を考慮しながら自社の計画を進めるように、企業でも人でも、自分の意思決定はほかの参加者の出方を見ながら行い、ほかの参加者の意思決定は自らにも影響します。既存の経済学にこうした要素を加えた考え方を、ゲーム理論といいます。

ゲーム理論には、協力し合ったことでお互い利益が得られる協力ゲームと、お互いに非協力であったことで、結果として双方とも損失を被ってしまう非協力ゲームがあります。

例えば、ある街にスーパーマーケットA店とB店があるとします。話を簡単にするために、住民は必ずどちらかの店で買い物しなければならない、としましょう。この状況で、A店とB店が「お互い値下げはしないでおこう」と取り決めて、値段を高いままにしておくのが協力ゲームの状態です。しかし突然A店が安売りを始めたら、顧客を奪われたくないB店も安売りを始め、値下げの消耗戦になってしまうかもしれません。これが非協力ゲームの状態です。実際の社会でも思い当たることはあるのではないでしょうか。どちらにせよ、このように相手も自分も戦略を変えてもこれ以上得せずに均衡している状況を「ナッシュ均衡」といいます。

オシャレしない約束を全員守れる？

ゲーム理論の非協力ゲームには、有名な「囚人のジレンマ」というものがあります。これは人を出し抜こうとしたことで、全員が不利益を被ってしまう結果になる現象です。名前の由来は、犯罪の容疑者2人が別々の部屋で取り調べを受けているとき、「黙秘か自白のどちらかを選ぶ」状況からきています。

ここで、もし、2人がお互いを信じて黙秘を貫けば、最もよい結果が待っています。しかし

豆知識 協力ゲーム

個別に行動するより、協力することで、参加者全員の利益になる状況。例えば同じチームのメンバーなら目標達成のために協力するのが望ましい。また、市場を寡占している企業が、値下げをしない協定を結んで値段を高止まりさせることも協力ゲームだ。

悩ましいのは、一方の容疑者が自白すれば、黙秘した方の容疑者は重い刑罰を受けることになる点です。最初は相手を信じて黙秘をしていても、もしかしたら自分は裏切られて、もう1人の容疑者に出し抜かれるかもしれないのが悔しくて、結局双方とも自白してしまうジレンマを示しています。この例のように、自分に不利であっても、その選択しかできない状況なら、お互いにとって最適な選択になるため、ナッシュ均衡は成立していることになります。

囚人の話は少し遠いので、身近な例で考えてみましょう。時間があるときにするオシャレは楽しいものですが、忙しいウィークデーにオシャレをしないで出勤できたら、どんなに時間の短縮になるでしょう。お金の節約にもなります。

例えば、あなたが職場の同僚たちと「出社前の服装選びに時間がかかる」という話で盛り上がり「全員、明日から私服はやめてスーツで出勤しよう」と決めたとします。あなたは本当に私服での出勤をやめられるでしょうか?

もし1人だけオシャレな服装で出勤すれば、同僚たちの怒りは買いますが、職場で注目されるだろうという誘惑もあります。しかし、もし全員が同じことを考えたら翌朝は全員が、逆にワイシャツやネクタイの色を考えたり、服装以外にアクセサリーやメイクでオシャレに見せようとしたりと、身支度の時間はいつもよりかかってしまうことも考えられます。

これは少し極端な例ですが、「若見え」やSNSでのコミュニケーションが重視される現代

ゲーム理論には、協力し合ったことでお互い利益が得られる協力ゲームと、お互いに非協力であったことで、結果として双方とも損失を被ってしまう非協力ゲームがある。スーパーマーケットA店とB店があるとする。

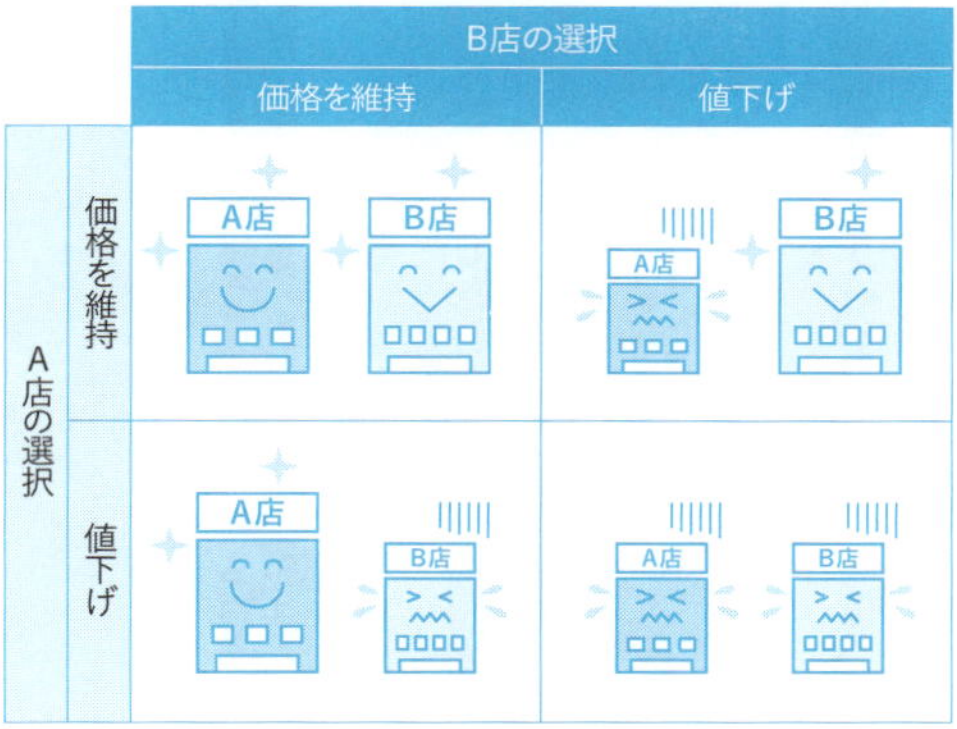

図2-7　ゲーム理論

社会では、私たちは他人の目を気にして、囚人のジレンマに陥っているといえるかもしれません。

●繰り返すと協力ゲームに変わる

全員が不利になってしまう非協力ゲームも、何度も繰り返すことで、協調が生まれて利益になる場合があります。これを繰り返しゲームといいます。出勤時の服装選びの例なら、最初は競ってオシャレしていても、だんだん気心が知れて、オシャレして出勤することに意味がないことが共通認識になれば、本当にシンプルな服装で出勤することが全員に定着するかもしれません。

2-8

情報の非対称性

「高いモノ＝よいモノ」と感じる理由

今日から役立つポイント

商品知識がないとき、私たちは「高いモノならよいモノに違いない」と思ってしまいがちです。しかしながら、情報の非対称性について学ぶと「高いモノが、必ずしもよいモノであるとは限らない」ということが理解できます。そして立派な肩書や、高い学歴をもつ人を盲信的に信じてしまうことにも、少し慎重になることができるはずです。

●情報の非対称性で情報弱者は不安になる

初めて行くお店や高級店で買い物をする際に、何となく不安を感じることがあります。これは、自分が商品について詳しくないのに対して、店のスタッフは商品知識はもちろん、在庫やセールの日程といった豊富な知識をもって接客しているという、圧倒的な情報の差に原因があ

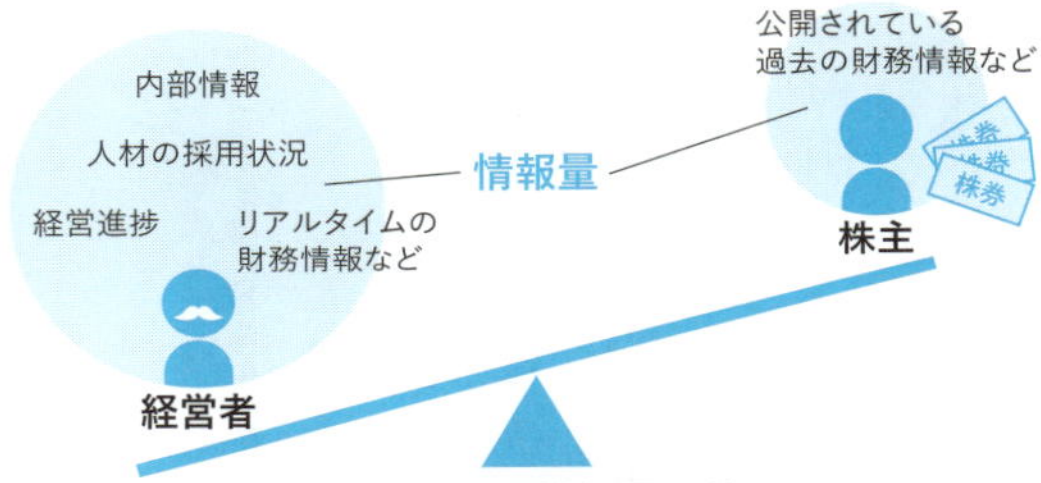

株主と経営者では情報量に差がある

➡ 経営者は不正を行う誘惑に駆られる＝プリンシパル・エージェント問題

図2-8　情報の非対称性（株主と経営者の場合）

るともいえます。**情報を豊富にもっている販売員と情報に乏しい顧客の間には、情報の非対称性があるのです。**

私たちがつい「値段が高いモノはよいモノ」と判断してしまうのも、情報の非対称性によるものでしょう。自分が情報弱者であるときは、知識がないために、ものなら高い値段、人なら肩書や学歴が高いことが対象を評価する判断基準になってしまうことがあります。

情報の非対称性は、株主と経営者の間にもあてはまります。株式会社の経営者は株主から経営を任されている存在です。しかし、株主に比べて多くの情報をもつ経営者側は不正を行う誘惑に駆られがちです。これを、プリンシパル・エージェント問題といい、プリンシパル（株主）とエージェント（経営者）の情報の非対称性で、社会に非効率な状況が生まれてしまいます。ではどうすればいいのでしょう？　その解決策が、2－11で学ぶ「シグナリング」になります。

豆知識　情報の非対称性

この概念を経済学の問題として最初にとり上げたのは、1972年に史上最年少でノーベル経済学賞を受賞したアメリカの理論経済学者、ケネス・アロー。アローは医者と患者の情報の非対称性に注目し、それが医療保険の効率的な運用を妨げている現象を指摘した。

2-9

なぜ企業不祥事が起きるのか？

モラルハザード

今日から役立つポイント

企業の不祥事や従業員の不正などが発覚したとき、私たちは倫理観から非難をしがちです。でも「情報の非対称性を利用して、自分に利益になることをしたい」という人の気持ちはゼロにはできません。それなら、そもそもモラルハザードが起きないような仕組みをつくればいいと発想を変えることができます。

●「保険に入っているから」と危険な運転をするのがモラルハザード

情報の非対称性があることで起きる問題には、次の2つのパターンがあります。

① 監視できないことで（その結果として）問題が起きる「モラルハザード」

② そもそも取引する前に問題が起きる「逆選択」（2-10参照）

ここでは①についてお話しましょう。モラルハザードとは、保険契約でよく聞かれる言葉で

豆知識 （モラルハザードと）保険契約

近年、保険会社はテクノロジーで情報の非対称性を埋める取り組みをしている。例えば保険加入後もスマートウオッチなどの端末で健康状態を測定し、健康状態がよい契約者の保険料を割安にするといった医療保険もある。

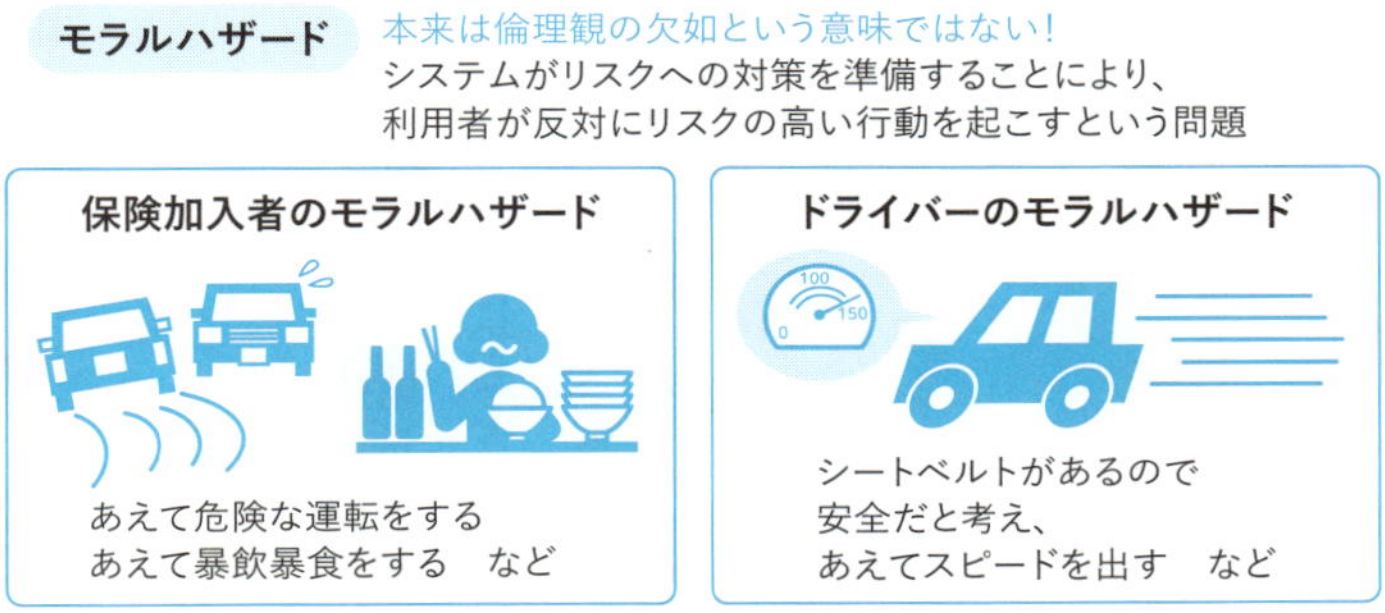
モラルハザード
本来は倫理観の欠如という意味ではない！
システムがリスクへの対策を準備することにより、
利用者が反対にリスクの高い行動を起こすという問題
保険加入者のモラルハザード
あえて危険な運転をする
あえて暴飲暴食をする　など
ドライバーのモラルハザード
100
0
150
シートベルトがあるので
安全だと考え、
あえてスピードを出す　など

図2-9　モラルハザード

す。「自動車保険に入っているから」と危険な運転をする、「旅行保険に入っているから」と旅先での荷物管理をおろそかにするといった考え、行動を指します。また、企業や組織が倫理や責任感を欠いて、自らの利益追求に走るといった状態も指します。例えば株式会社の経営者と株主の関係のように両者に情報の非対称性があるとき、圧倒的な情報をもっている経営者は、モラルハザードを起こしたい誘惑に駆られてしまいます。

道徳や倫理観でモラルハザードをゼロにするのは困難です。それなら、そうならない仕組みをつくってしまう方が早いかもしれません。例えば、ドイツは信用改札方式を採用しており、切符がなくても電車に乗れます。その代わり、違反が見つかると高額な罰金を払わなければなりません。このように、不正をすると高くつくので決まりを守った方が合理的、という仕組みが浸透すれば、モラルハザードの数は減るかもしれません。

2-10 情報をもたない人が狙われる理由

逆選択

今日から役立つポイント

家電や中古車、不動産など高額なモノの購入で迷っているとき、少ない情報しかもたない私たちは、知識や情報が豊かな売り手から「逆選択」されないように気をつけなければなりません。逆選択について知ると、何かを選ぶ前に第三者の意見に耳を傾けられるようになるでしょう。

●情報がないことで悪徳業者に逆選択される

情報の非対称性があることで起きる問題には、2－9で説明した「モラルハザード」のほかにもう1つ「逆選択」があるとお伝えしました。ここでは、その逆選択について見ていきます。

例えば、病気があるのにそれを隠して医療保険に加入したら、保険会社は、健康に自信のな

豆知識　（アカロフの）逆選択

アメリカの経済学者ジョージ・アカロフは、中古車市場を例に、売り手と買い手に情報の非対称性があり、結果として市場に低品質な商品だけが出回って買い手が逆選択を受けてしまうことを示した。アカロフは情報の非対称性に関する研究で、2001年にノーベル経済学賞を受賞した。

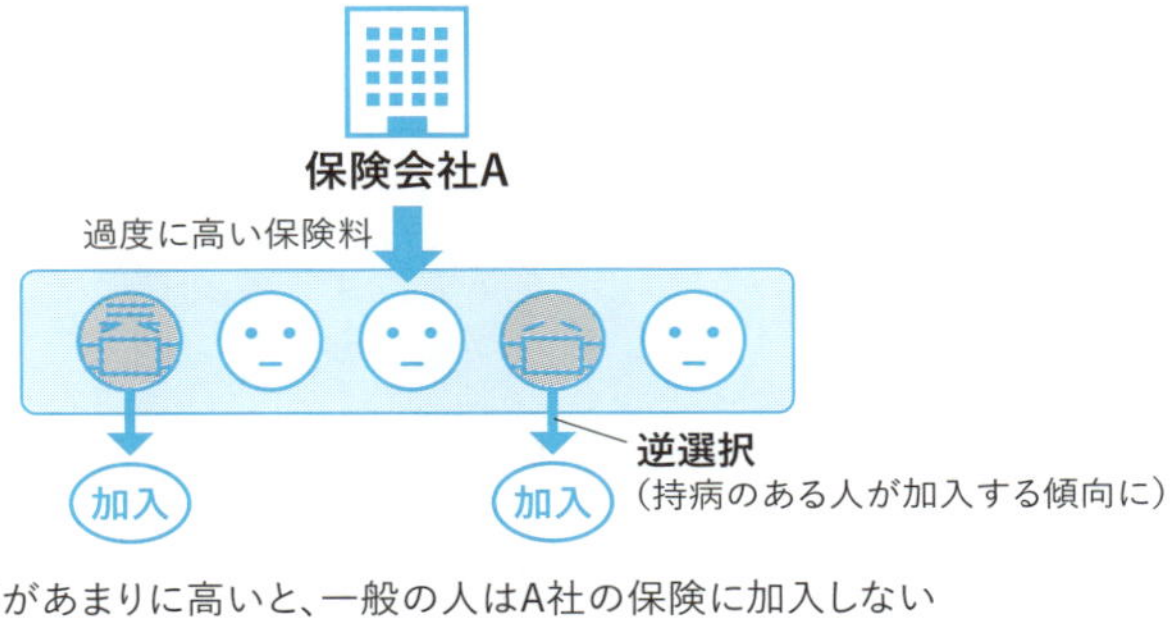

図2-10　逆選択

い人に逆選択されたことになります。また、悪徳業者が、住宅の知識があまりない人に欠陥住宅を販売すれば、買い手は業者に逆選択されたことになります。**逆選択とはこのように、情報の非対称性を利用して、自分だけに都合のいい取引をしようとすることです。**

逆選択が横行することで、社会の非効率を招いてしまいます。しかし実際の社会では、保険加入にも不動産売買にも逆選択を防ぐ仕組みが整っています。逆選択を防ぐ仕組みについては、2－11のシグナリングで学びましょう。

逆選択を防ぐのに役立つのは、第三者の意見です。幅広く意見を聞いてみて、自分で判断するのがいいでしょう。そして「相手に対して情報がない」というのは恋愛も同じ。お付き合いする前に周りの意見を聞いてみることは、経済学的にも正解なのかもしれません。

2-11 自分の価値を信じてもらうために

シグナリング

今日から役立つポイント

たくさんの商品があるとき、十分な商品知識がない人にとっては、どれも同じに見えてしまいます。顧客になってもらうには、商品にまつわるストーリーを紹介するなどして品質のよさをアピールすることも重要です。コストをかけた情報提供「シグナリング」を適切に行うことは、ビジネスなどでの強みになるでしょう。

情報を自ら明かすことがメリットになる理由

情報の非対称性を利用して、自分だけに都合のいい取引をしようとする逆選択が横行すると、お互いが信用できなくなり、やがて市場全体が非効率に陥ってしまうでしょう。**対策として、情報優位者が自ら情報を開示して、取引相手に安心してもらうという手段があります**。それがシグナリングです。

豆知識 情報優位者

シグナリングとは逆に、情報をもたない側が情報優位者に対して情報を開示させるように選別を行うことをスクリーニングという。

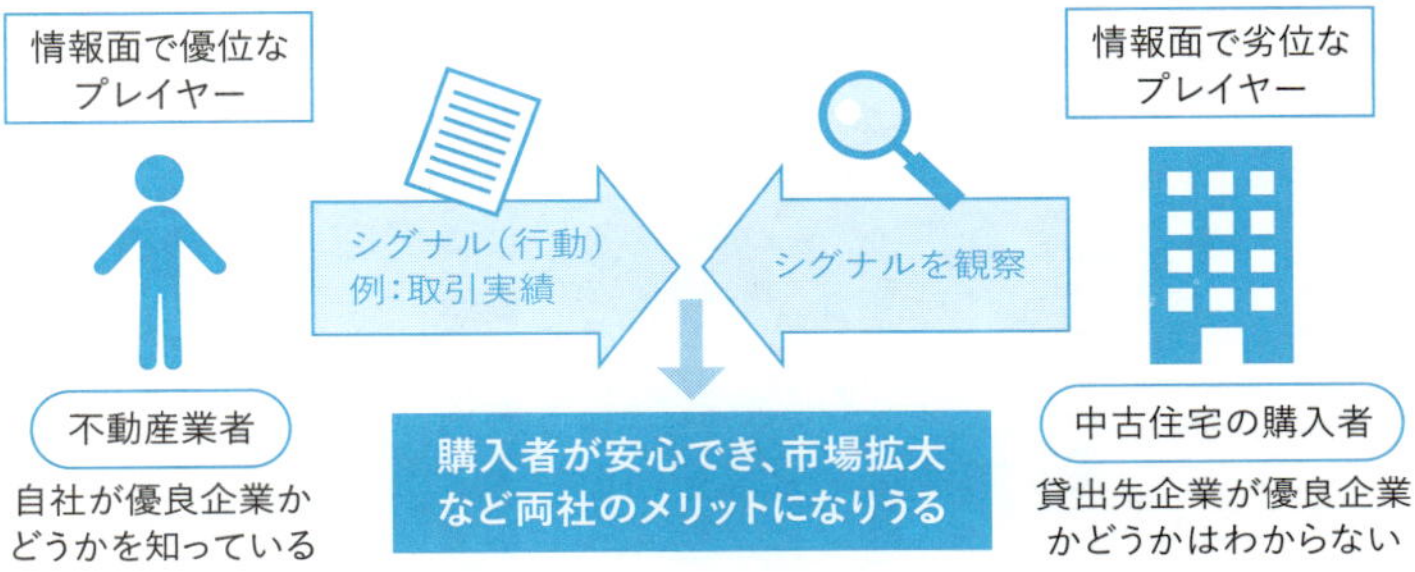

図2-11 不動産業者のシグナリング

生命保険や医療保険に加入するときに書く告知書は、保険会社に対するシグナリングです。告知義務違反があった場合に保険金が支払われないなどとすることで、ほかの加入者との間に不公平が生まれないようにしています。中古住宅を購入する際に、業者が物件に第三者機関の品質保証をつけることもシグナリングです。このように、コストをかけてシグナルを出すことは、情報を開示する側にもメリットなのです。

企業経営にもシグナリングは欠かせません。企業の経営陣が自らを監視する社外取締役や監査役を設置する、IRで情報発信をするのも、株主や投資家、取引先、社員といったステークホルダー(関係者)に対するシグナリングといえます。積極的な情報公開が、信用を高めるといったプラスの効果を生むことを期待しているのです。また、他社が行う以上、行わざるを得ないという事情もあるかもしれません。

2-12

問題のある経営者を監視するために

コーポレート・ガバナンス

今日から役立つポイント

企業は、単に売上を上げることに集中すればいいのではありません。アメリカのエンロン事件を発端に起きたガバナンス制度の整備を知ると、あなたの会社が大きくなっていくときや、あなたが起業しようと思うとき、なぜ世間からの厳しいチェックを受ける必要があるのかがわかるでしょう。

●企業の監視が必要になる理由

２００１年、アメリカのエネルギー大手企業のエンロン社で大規模な粉飾決算が発覚する、いわゆるエンロン事件が起き、同社は同年末に破綻しました。この後、アメリカの多くの企業で粉飾決算が明るみになり、翌年には大手電気通信事業者のワールドコムも不透明な融資や不

豆知識 エンロン事件

エンロン社はエネルギー会社として発足後、規制緩和を受けて幅広い事業を手掛けて巨大企業となった。大規模な粉飾決算などの不正は、経営者の指示だけでなく、会計事務所、法律事務所も関与して行われた点が問題視され、ガバナンス制度の整備のきっかけとなった。

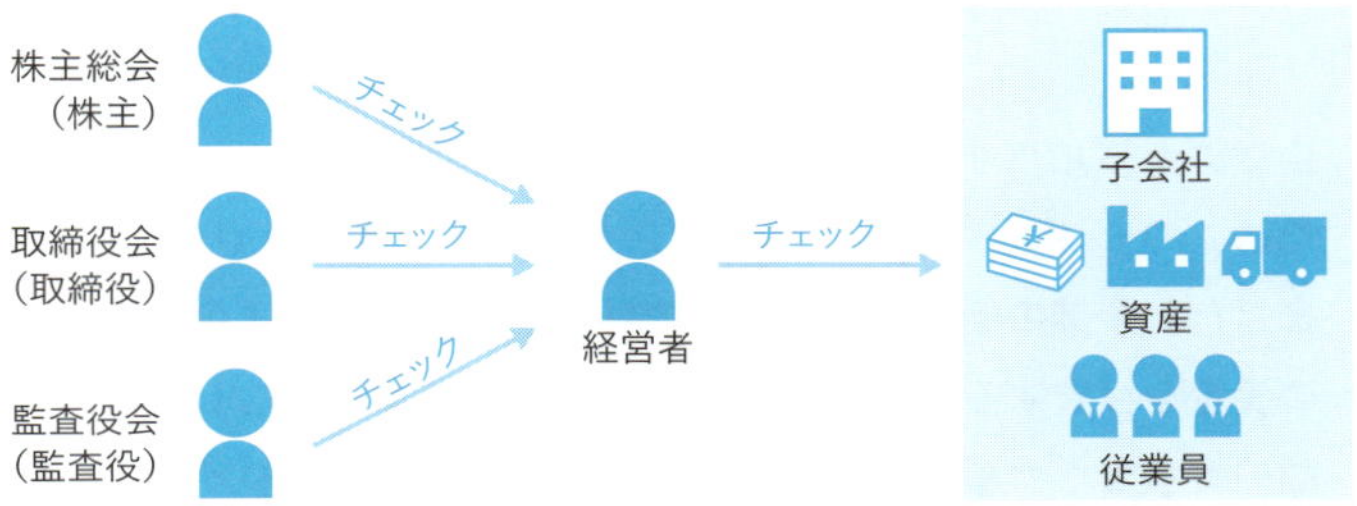

図 2-12　健全な経営を行っているかどうかをチェックする体制

正会計が発覚、経営破綻することになります。

そもそも株主と経営者の間には、2－8で学んだ情報の非対称性があるので、経営者が自分の利益を優先するモラルハザードを防ぎきることは困難です。

これらの事件がきっかけとなり、多くの先進国では、健全な経営を行っているかどうか上場企業への監視を強める、ガバナンス制度が整備されることになります。

上場企業が守るべき指針であるコーポレート・ガバナンスコードは、日本では2015年に導入されました。そこでは独立した社外取締役を2人以上置く、株主との対話を進める、などを求めています。この指針で上場企業は健全性をアピールし、投資を呼び込むことで日本経済全体にもプラスになると考えられています。ただ、一方で監視を強めすぎると、経営の自由度を下げてしまうため、そのバランスが求められます。

2 章

演習問題

企業のモラルハザードは企業価値を大きく傷つけます。それを防ぐため、コーポレート・ガバナンスがあることを0-3や2-12で学びました。企業のモラルハザードで株価が下がると、年金や保険などの資金を投資する機関投資家も不利益を被ります。もしあなたが巨額の資金をもつ機関投資家だったら、企業のモラルハザードを防ぐために、どう行動し、企業にどう働きかけますか？

解答欄

解答例

機関投資家というプロの投資家でも、当該企業の株を過半数ももたないことから投資先企業への議決権行使や経営関与にインセンティブが小さいとの研究も多数報告されています。そこで、「日本版スチュワードシップ・コード」では、機関投資家が経営関与する際に次のような努力目標を掲げています。

機関投資家は、投資先企業の持続的成長を促し、顧客・受益者の中長期的な投資リターンの拡大のために、投資先との対話や自らの行動指針の情報開示が求められています。

3章

国全体を考える「マクロ経済学」

3-1

個人の合理的な判断が経済成長の邪魔をする!?

合成の誤謬

今日から役立つポイント

家庭での節約、企業の人員削減などが、国全体の経済から見れば、経済停滞につながってしまうこともあります。また個人に対して全体の利益を考慮するインセンティブを与えないと、全体の生産性を下げてしまうこともあります。合成の誤謬《ごびゅう》を知ると、「マクロの視点」で考えることの大切さを知ることができます。

●過度の節約は国の経済にはマイナスになる

節約して貯蓄することは美徳とされています。しかし、マクロの視点で見れば、人々が適度にお金を使ってくれた方が、国の経済が潤います。**個人と全体の利益とが一致しない、この悩ましい状態を合成の誤謬といいます**。

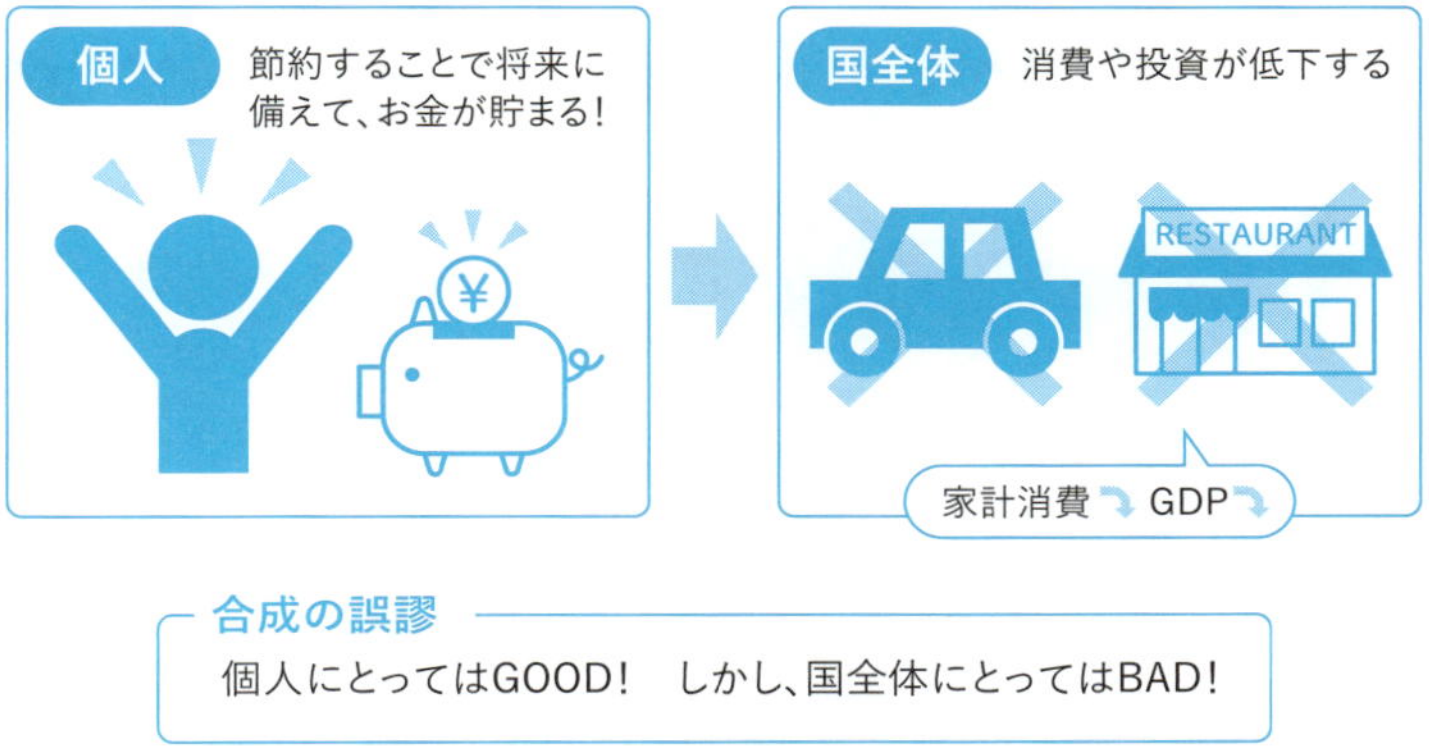

図3-1　合成の誤謬とは?

合成の誤謬は、企業にもあてはまります。景気が悪くなってくると、企業は設備投資を減らす、給与カットや人員削減を行うなどします。多くの企業が一斉にこうしたことを行えば、さらに国の景気が悪くなってしまいます。

結局、苦しい経済状況の中で、政府が国債を発行するなどして景気対策をすることで、収拾がつくかもしれません。ただし、「国債を発行して国の借金が増えれば、将来、増税されるに違いない」と人々が感じれば、企業も個人も、ますますお金を使わなくなる可能性もあります。また、個人の「自分1人くらい無関心でも大丈夫」という合理的無関心への対策も必要です。政府がとるべき合成の誤謬の解決策は、前提条件によって異なってきます。

豆知識　合理的無関心

あることを知って得られるメリットに対して、それを知るために費やさなければならない経済的または時間的コストが大きく上回る場合は、「知る価値がない」と判断し、個人にとって無関心という選択が合理的になること。

3-2 政府と中央銀行の役割を理解する

財政政策と金融政策

今日から役立つポイント

財政政策と金融政策は、政治・経済のニュースで頻繁に耳にする言葉です。これらの仕組みを深く知ると、今の日本の財政政策と金融政策がすでに限界にきていることがわかります。そして、もし今後、政府が地域振興券の発行などの政策を提案してきたとき「本当にそれでいいのだろうか」と疑問を発信できるようになるでしょう。

●財政政策は政策企画部門長、金融政策は財務部門長

ニュースでは「財政と金融」とひとくくりにされることもある財政政策と金融政策。ざっくりいえば、例えば日本を「株式会社日本」と考えたとき、財政政策（政府）は政策企画部門長、金融政策（日本銀行、以下日銀）は財務部門長のような存在です。

財政政策とは、政府が道路や鉄道、公共設備をつくるなどのインフラ設備や減税などを行うことで、企業が雇用を増やし、設備投資を増大して、その結果、景気をよくすることを促す政策です。

金融政策とは、国の中央銀行（日本の場合は、日本銀行）が金利を下げるなどして銀行間のお金を貸し借りしやすくし、市場に低金利のお金が流れることで企業や個人がお金を借りやすくなり、企業の設備投資や個人の消費を促進する政策です。

日銀は政府から独立した存在であり、金融政策の運営は政府のバラマキ政策によって景気がバブルにならないように中央銀行の中立的・専門的な判断に任せるのが適当、という考え方は世界でも主流となっています。**金融政策は単独で行われることもあれば、国の経済政策で刺激する財政政策と並行して行われることもあります。**

日本銀行の目的には、物価の安定を図ることと、金融システムの安定に貢献することの2つがあります。

日本銀行の役割は次の4つです。

①「政府の金庫」国民が国に納めた税金を日本銀行が預かる
②「お金の発行」銀行から国債や社債、手形などを預かり、その借用証書として紙幣を渡す
③「銀行が使う銀行」銀行は日本銀行に口座をもち、この口座に資金を預けておく
④「国債買いオペ・国債売りオペ」市場の通貨の流通量を調整し、景気や物価をコントロール

豆知識 日銀は政府から独立した存在

日本銀行法では、金融政策の独立性確保が図られている。特に1998年に施行された日本銀行法改正で、それまであった政府の広範な監督権限が大幅に見直されている。

しようとする　※オペ＝オペレーション（公開市場操作）

政策企画部門長（政府）と財務部門長（日銀）が連携して、「株式会社日本」の舵取りをしていますが、日本はもう20年近く、国の支出である歳出が収入である歳入を上回る財政赤字の状態です。国債や借入金を合計した「国の借金」は２０１９年３月末時点で１１０３兆３５４３億円、年度末の残高は３年連続過去最大で、２０１８年度末と比べて15兆５４１４億円増えています。そんな国がなぜ財政破綻しないかは５－４で触れています。

もっとも、国は企業とは違ってリターンや効率性を追求しきれない存在であり、市場任せにしたときに取り残される「市場の失敗」が起きたときにそれを補う役目を担っていますから、国が財政赤字になってしまうことは仕方がない部分もあります。そうした部分を含めて考えても、今の日本の財政支出を抑えて、金融政策に頼り、金利を下げようにも、これ以上下げようがほとんどありません。

赤字国債によって賄われるものの、狙った成果が出るかはわからない、いわゆるバラマキは、１９９０年代までは道路などのインフラ整備、２０００年代では社会福祉関係を中心に実施されてきました。**日本経済が低迷した平成の30年間で、こうした大盤振る舞いはうまくいってないとの指摘もあります**。大盤振る舞いは、後の増税を生むことになりかねません。政府がとれる手段は残り少ないのかもしれません。

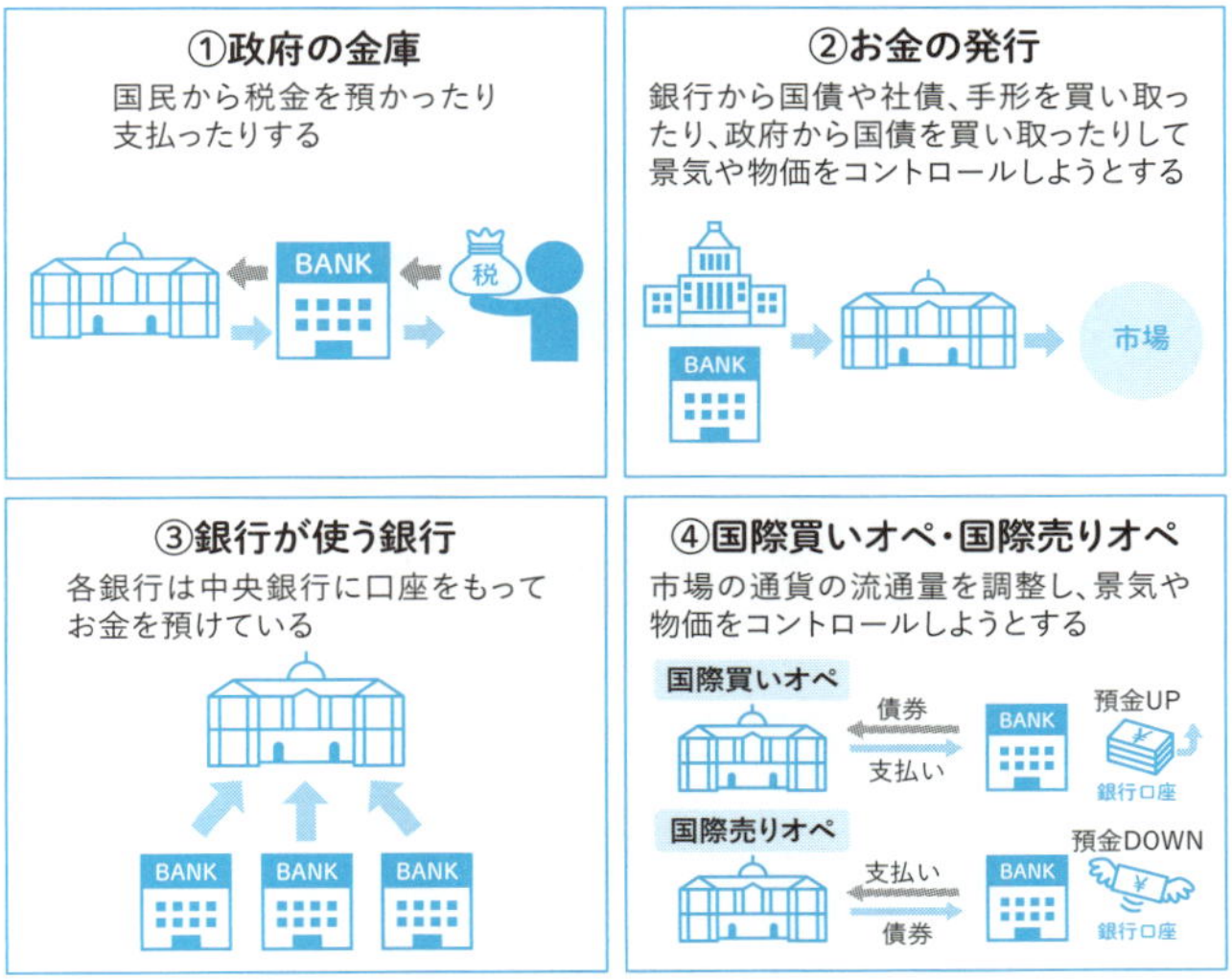

図3-2-① 中央銀行の4つの役割

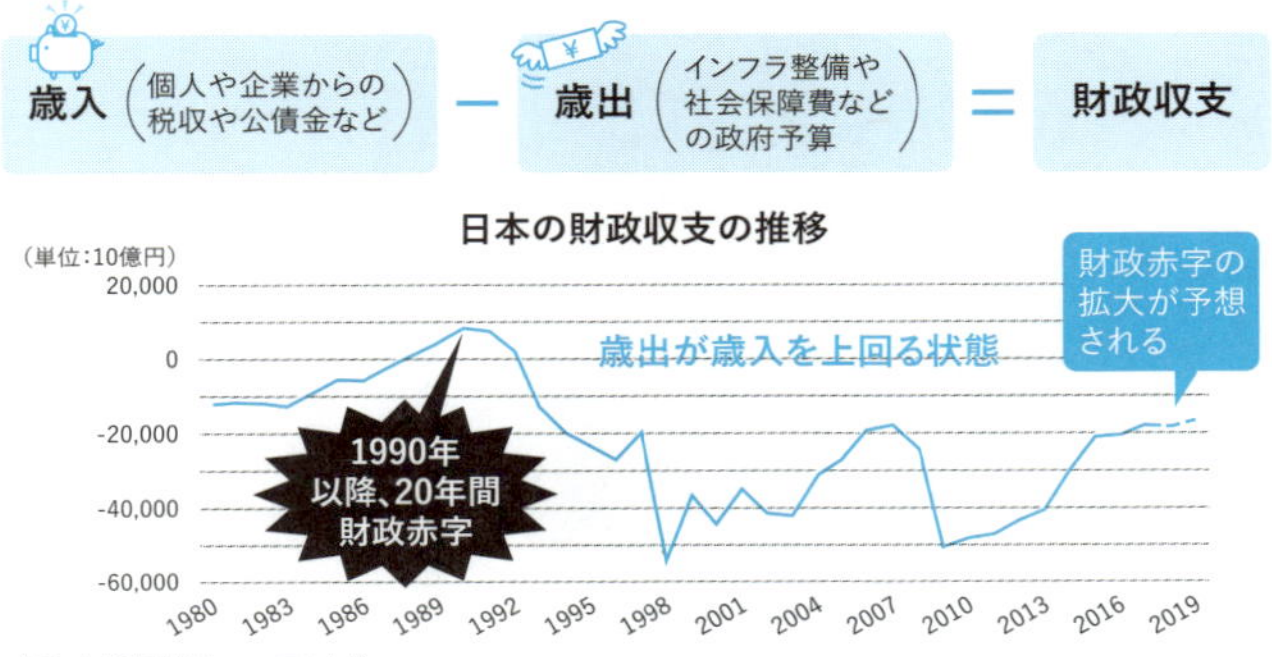

出所：政府財政統計マニュアルなど

図3-2-② 財政赤字とは?

3-3

景気が良い、悪いってどういうこと？

GDP

今日から役立つポイント

メディアでよく見聞きするGDP（国内総生産）。GDPが増えているということは経済活動が活発化し、景気が上向く傾向にあるということです。GDPという尺度で国際比較すると、世界にはビジネスが成長するチャンスのある国が数多くあることに気づけます。逆に、日本でビジネスチャンスが相対的に小さいことが見えてきます。

●GDPとは生み出された付加価値の合計

GDP（Gross Domestic Product：国内総生産）は、国内からの儲け（内需）と、海外からの儲け（外需）によってそれぞれ新しく加わった価値（付加価値、儲け）の合計です。簡単にいうと、国内で生み出された付加価値（儲け）が国内と海外とでどう使われたかを示しており、その国の、国内の経済活動の規模や動向を総合的に示す指標として使われています。

GDPには、単純合計した名目GDPと、物価を考慮した実質GDPがあります。物価変動の影響が考慮されている実質GDPの方が、より実態をあらわしています。名目GDPはその年に国内で生み出された付加価値を単純に足したもので、実質GDPは物価変動の影響を取り除いたものです。2018年の名目、実質GDPでの世界ランキングを見てみましょう（図3－3）。**GDPが大きい国は、それだけ経済規模が大きく、国際政治、経済で無視できない存在だということ**になります。

●1人あたりGDPではランキングの国が変わる

ところで、世界には大国も小国もあります。**GDPを国の人口で割ると、1人あたりのGDPがわかります**。1人あたり名目GDPを、同じく2018年のデータで見てみましょう（図3－3）。ランキングに入る国がずいぶん違ってきます。

世界の1人あたり名目GDP　1位ルクセンブルク　2位スイス　3位マカオ　4位ノルウェー　5位アイルランド（アメリカ9位、日本26位、中国72位）

ところで各国間には物価水準に差があります。そこで、総合的な物価水準の内外価格差を示

豆知識　1人あたり名目GDP

1位のルクセンブルク、2位のスイスは、超富裕層を顧客にもつプライベートバンクの本拠地があるため、数字を押し上げている。このように金融、資源国は1人あたり名目GDPが高くなりやすい。国全体のGDPの金額が大きい中国は、今後に大きな伸びしろがあるといえる。

す各国の物価水準の相対的変動を考慮した購買力平価で調整した為替レートを使って、1人あたりGDPを計算し直すことができます。2018年は図3－3のような結果です。

世界の1人あたり購買力平価GDP　1位カタール　2位マカオ　3位ルクセンブルク　4位シンガポール、5位ブルネイ（アメリカ12位、日本31位、中国78位）

このようにさまざまな切り口で、GDPを使った国際比較ができるのです。

●「経済成長率」とは、GDPの伸び率

よく聞く「経済成長率」とは、GDPの伸び率のことを指しています。これを示す世界の実質GDP成長率を、2018年のデータ（IMF統計に基づく実質ベースGDPの前年比伸び率）で比較してみましょう。

世界の実質GDP成長率　1位リビア　2位ルワンダ　3位バングラデシュ　4位エチオピア　5位コートジボワール（アメリカ107位、中国17位、日本167位）

経済成長率が高い国には、ビジネスチャンスもあるでしょう。**国際比較の結果から、逆に、日本でのビジネスが厳しいことにも納得できるかもしれません。**

順位	名目GDP	実質GDP
1位	アメリカ （約2,248兆1,973億円）	アメリカ （約1,903兆1,443億円）
2位	中国 （約1,470兆7,916億円）	中国 （約1,114兆4,310億円）
3位	日本 （約545兆4,206億円）	日本 （約675兆4,952億円）
4位	ドイツ （約438兆8,423億円）	ドイツ （約426兆605億円）
5位	イギリス （約310兆3,022億円）	フランス （約315兆3,515億円）

順位	1人あたり名目GDPランキング	順位	1人あたり購買力平価GDP
1位	ルクセンブルク （約1,253万円）	1位	カタール （約1,431万円）
2位	スイス （約910万円）	2位	マカオ （約1,281万円）
3位	マカオ （約904万円）	3位	ルクセンブルク （約1,171万円）
4位	ノルウェー （約896万円）	4位	シンガポール （約1,101万円）
5位	アイルランド （約835万円）	5位	ブルネイ （約872万円）
9位	アメリカ	12位	アメリカ
26位	日本	31位	日本
72位	中国	78位	中国

順位	実質GDP成長率
1位	リビア （17.88%）
2位	ルワンダ （8.58%）
3位	バングラデシュ （7.73%）
4位	エチオピア （7.71%）
5位	コートジボワール （7.41%）

切り口を変えて
GDPを比較すると、
ランキング入りする
国が大きく異なる

グローバルノート - 国際統計・国別統計専門サイト「GDP・国民経済計算」の統計データ一覧」
https://www.globalnote.jp/category/9/10/

（P103は2019年5月現在のレート1ドル109.7円で換算している）

図3-3　2018年国別GDPランキング

3-4 少子高齢化でどうなる、社会保障？

再分配

今日から役立つポイント

国民から税金を徴収して社会保障によって再配分し、格差を埋めていくのも政府の仕事です。しかし、近年の日本は少子高齢化の影響もあって社会保障費が増大し、なかなかうまくいっていません。再配分と日本の現状を知ると、結局、自己投資や金融資産への投資などの自助努力も大切なことを実感するでしょう。

●所得格差は国の再配分で是正する

資本主義の社会では、人々の中にどうしても格差が生まれてしまいます。厚生労働省によると、等価所得の格差を示すジニ係数は拡大傾向にありましたが、社会保障などによる再分配の効果で、1998年をピークに縮小傾向にあります。所得の格差は現役世代と高齢世代ともに

豆知識　ジニ係数

統計学者、コッラド・ジニが考案した、世の中の不平等の程度を測る尺度。横軸に所得（低い人から高い人）、縦軸に所得の累積をとると、現実の社会では弓形のグラフになる。この面積が大きくなるほど不平等度が増す。

拡大していますが、再分配された後の格差は現役世代で拡大は見られず、高齢世代では縮小傾向にあり、高齢世代では公的年金給付が所得の格差拡大を抑制しているとも考えられます。子どもの相対的貧困率は全人口と現役世代、ともに上昇傾向でしたが、直近では低下しており、**高齢世代の相対的貧困率は他の世代より高いものの、低下傾向にあります**。

●年収別の再配分の効果とは？

では再配分の効果とはどんなものなのでしょうか？ 同じく厚生労働省によると、当初の所得金額が100万円未満の世帯では、10万円程度の負担で200万円程度の給付があり、当初所得金額が500万円程度の世帯では負担と給付が同程度で、給付の内容は年金・恩給が占めています。一方で、当初所得金額が1000万円程度の世帯では200万円程度の負担で100万円程度の給付となっています。

2000年以降の1世帯あたり平均総所得金額は、高齢者世帯、現役世帯ともにおおむね横ばいです。現役世帯より相対的に所得の低い高齢者世帯の割合が急激に増加していることで、全世帯の平均総所得金額は長期的に減少傾向にあります。世帯主が40歳代の世帯では、ここ20年の間、所得分布のばらつきは大きく変わっていませんが、世帯総所得300万円未満の低所得世帯割合が増加し、所得分布が全体に低い方へシフトしています。これは、所得の低い単独世帯やひとり親世帯の増加などが背景とされています。

●日本の所得再分配は、高齢世代に手厚い

再分配による等価所得の格差（ジニ係数）是正効果は、人口高齢化などを背景に近年高まる傾向にあり、税による改善度よりも大きいとされています。しかし**日本の所得再分配機能は、現役世代に比べて給付面、負担面ともに高齢世代に手厚い構造**になっており、今後は、世代や世帯の構造ごとに、それぞれの世帯の状況をよりきめ細やかに見て再分配政策を考えることが必要です。加えて、現役世代の所得向上支援や全世代型の社会保障への転換を推進していくことが必要であると厚生労働省は分析しています。

●社会保障給付費は5年連続で30兆円超え

日本では1960年代に国民皆保険、国民皆年金が実現し、雇用保険、社会福祉、生活保護、2000年からは介護保険も加わって、社会保障制度が成り立っています。しかし、高齢化などの影響で平成30年度の社会保障関係費は国の一般会計予算の30％を超え、5年連続で30兆円を超えています。人口減少で税収の増加もあまり期待できない中、こうしたマクロの視点で日本の状況を見ると、今後はさらに国に頼るのが難しくなっていくことがわかるでしょう。

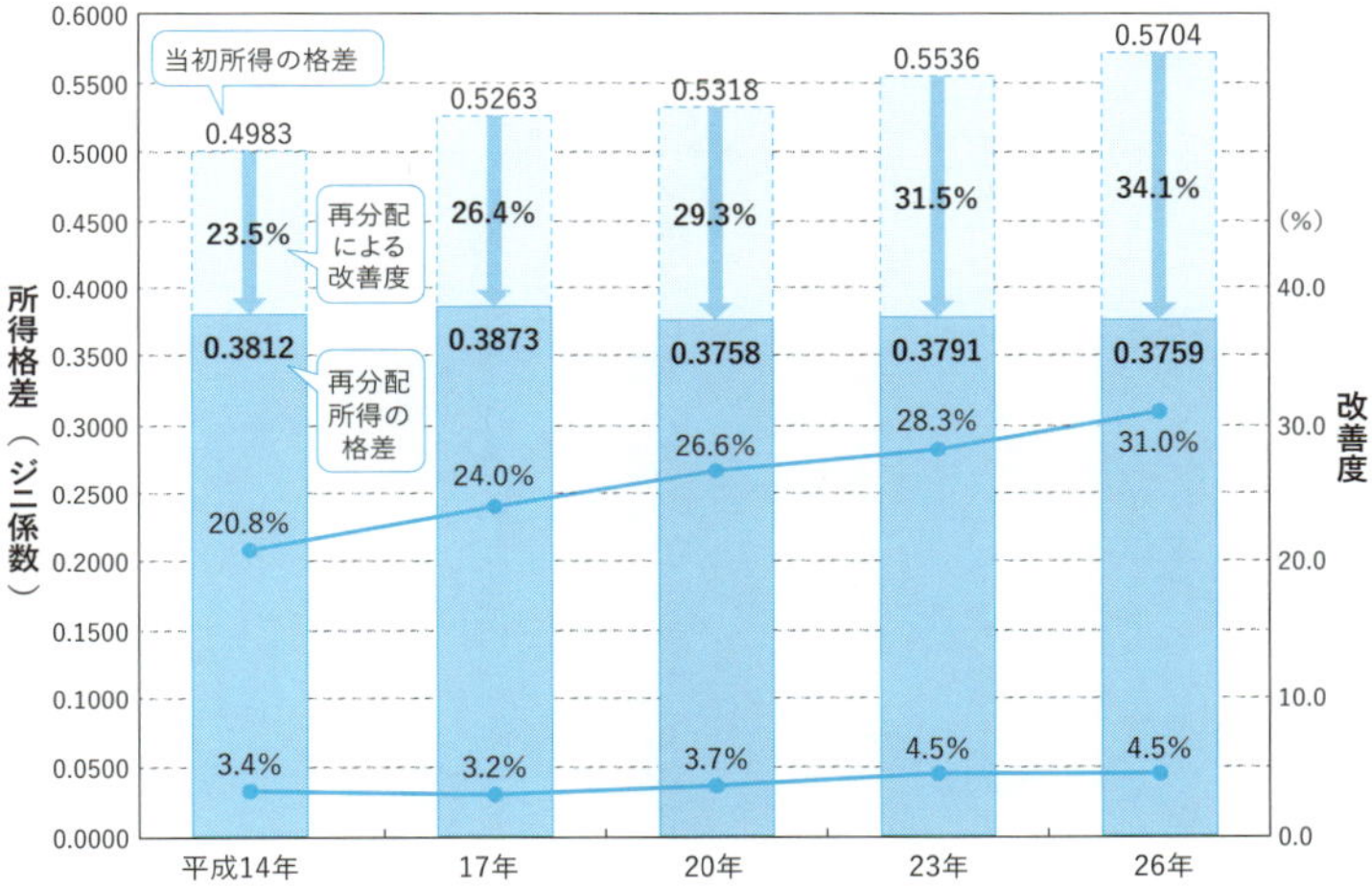

出所：平成26年所得再分配調査報告書（厚生労働省）
https://www.mhlw.go.jp/file/04-Houdouhappyou-12605000-Seisakutoukatsukan-Seisakuhyoukakanshitsu/h26hou.pdf

図3-4-① 所得再分配によるジニ係数の変化

順位	国名	ジニ係数
1位	南アフリカ	0.62 *1
2位	中国	0.51 *2
3位	インド	0.50 *2
4位	コスタリカ	0.48
5位	ブラジル	0.47 *3

*1：前年のデータ　*2：5年前のデータ　*3：3年前のデータ

出所：グローバルノート - 国際統計・国別統計専門サイト「世界のジニ係数 国別ランキング・推移」
https://www.globalnote.jp/post-12038.html

図3-4-② 世界のジニ係数ランキング（2016年）

3-5

なぜ、物価は上がるべきなのか？

インフレーションとデフレーション

今日から役立つポイント

物価が上がるのがよいことだとは、なかなか理解しづらいことです。しかしデフレが国の経済にダメージを与えることを知ると、政府や日銀がなぜ物価安定の目標を設定しているのかが見えてきます。

●インフレーション（インフレ）の基礎知識

経済ニュースではインフレ、デフレという言葉をよく聞きますが、まず簡単に整理しておきましょう。インフレとは「インフレーション」の略で、モノやサービスの値段が上がり続ける状態です。景気が良くなりすぎてモノの売買やお金の動きが激しくなると、買いたい人が増えるため、値段は上がり続けます。インフレで起きることは次の2つです。

①お金の価値が下がる　もし100円で買えたパンが200円に値上がりしたら、お金の価値は半分になる。インフレが進みすぎると、貨幣への信用が下がる

②将来の計画が立てにくくなる　100万円の車を買うつもりで貯蓄して、いざ購入しようとしたとき値段が200万円になっていたら、将来の計画が覆される

物価が上がっていくインフレでは、「今のうちに買っておかなければ」という人が増え、物価はますます上がることになります。しかし、図3－5のフィリップス曲線のように、インフレが進むと、失業率の改善などが期待されます。

●デフレーション（デフレ）の基礎知識

一方、景気が悪く、モノやサービスの売上が下がると、企業は少しでも安くすることで、売上を増やそうとします。このようにモノやサービスの値段が下がり続ける状態を、デフレーション、略して「デフレ」といいます。デフレの影響は次の通りです。

①景気がますます悪くなる　企業は値下げせざるを得なくなり、同じ金額でより多くのモノが買える。しかしそれによって会社の売上が減り、働き手の賃金も減る。「もっと値段が下がる」という予測から、人々はモノを買い控えるようになる

②ローンがさらに重荷になる　デフレでモノの値段が下がるということは、相対的に貨幣の

豆知識　フィリップス曲線

失業率と物価上昇率の負の相関関係を示したもので、経済学者のアルバン・フィリップスが論文で発表した。通常、横軸に失業率、縦軸に物価上昇率を置き、グラフの形状は右肩下がりになる。

価値が上がっているので、住宅ローンなどの借金を抱えている場合、実質的な金額は増えていることになる。しかもデフレで給与が減れば、さらに返済が大変になる**デフレでは負債を返済できない企業が増え、銀行は融資をしづらくなります**。企業の借り入れがしづらくなると、さらに経済活動が落ちこんでいくことになります。

●デフレスパイラルからは、なかなか脱出できない

平成の時代に日本経済を悩ませたデフレは、まさに3－1で学んだ合成の誤謬です。価格の下落、売上・収益の減少、賃金の抑制、消費の低迷、そして再び価格の下落、という悪循環（デフレスパイラル）に一度はまると、なかなか脱出できません。

デフレスパイラルとは、①モノの値段が下がる⇓②企業の利益が減る⇓③給料が下がる⇓④値段が下がってから買おうとする⇓⑤ますますモノが売れなくなり、①～⑤を繰り返します。

●政府と日銀が掲げる「デフレ脱却」

政府と日本銀行は、2013年1月に「デフレ脱却と持続的な経済成長の実現のための政府・日本銀行の政策連携について」という共同声明を出しています*。この中で、物価安定の目標を消費者物価指数（全国の世帯が買ったモノ、サービスの価格の平均的な変動を測定した

＊出所：内閣府、財務省、日本銀行「デフレ脱却と持続的な経済成長の実現のための 政府・日本銀行の政策連携について（共同声明）」（https://www5.cao.go.jp/keizai1/seifu-nichigin/2013/0122_seifu-nichigin.pdf）

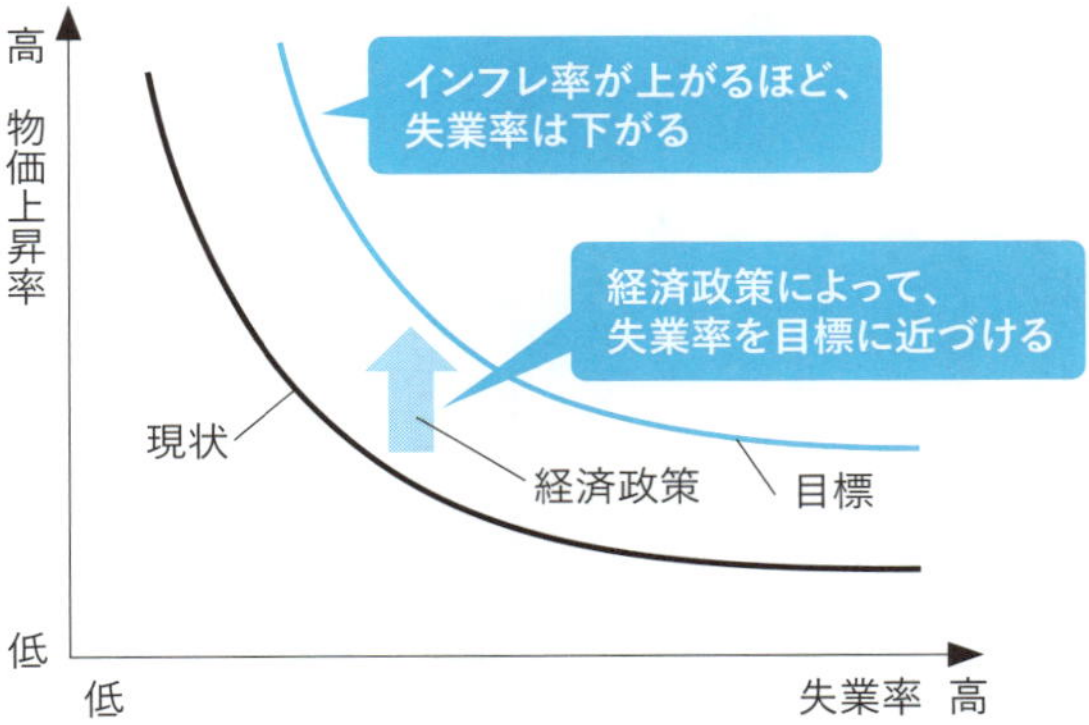

図3-5 フィリップス曲線とは?

指数）の前年比上昇率2％と定めています。次のような好循環を作り出そうとしているのです。

デフレからの脱却 ①モノの値段が上がる⇒②企業の利益が増える⇒③給料が上がる⇒④需要が増える⇒①～④を繰り返す⇒消費者物価指数前年比上昇率2％の目標達成

日本はデフレの状態は脱したといわれ、政府は、日本経済は2012年末から緩やかな回復が続き、回復期間が戦後最長に迫っているとしています。企業収益は業種や企業規模にかかわらず幅広く改善していますが、掲げている物価目標にはまだ遠い状況です。

3-6

失業率が低い理由とは？

失業の種類

今日から役立つポイント

今、望まない失業をしている「非自発的失業者」の数が減り、人手不足が叫ばれています。しかし日本の人口減少を受けて今後起きるだろうと予測されていることを知ると、売り手市場だからといって仕事の手を抜くことなく、今後に備えて今こそスキルアップしておくことの必要性に気がつくかもしれません。

●失業率の低さは永遠には続かない

失業者とは、働く意思や能力があり、現在職探しを行っている無職の人を指します。**「失業」は、次の3つに分類されています**。

① 自発的失業　そのときの景気とは無関係に、よりよい職場や労働条件を求めるなどして、自分の意思で失業している状態

図3-6　失業の3分類

② 摩擦的失業　企業と求職者の条件が折り合わない、季節的な理由で需要と供給がミスマッチになったときに起きる失業。短期で一時的なもの

③ 非自発的失業　今の賃金で就職を希望しているのにもかかわらず、職に就くことができない「望まない失業」の状態

1－6でも学んだように、非自発的失業は、ケインズの登場以降に生まれた定義です。その原因は、市場メカニズムが働いた結果、経済的、あるいは社会的に望ましくないことが起き、非効率な資源配分が起きてしまう「市場の失敗」です。今、日本の失業率は低く、非自発的失業は減っているといわれます。

しかし日本は人口減少が進んでいます。いずれGDPが下がり、市場が縮小することで、失業率が下げ止まるか、上がる可能性も高いといわれていることに留意しなければなりません。

豆知識　日本の失業率

図3-6のように、2018年の国際比較では、先進国の中で日本の失業率は低い割合となっている。その理由は景気の底入れ期待で企業の採用意欲が増してきたことだけでなく、少子高齢化による人手不足で、女性や高齢者の再雇用が受け入れられやすくなっていることなどが指摘されている。

3-7

比較優位 保護貿易主義VS自由貿易主義

今日から役立つポイント

保護貿易主義と自由貿易主義について学ぶと、自由貿易の理想である比較優位は、なかなか実現しないことがわかります。しかし比較優位の考え方は、仕事でのチームビルディングなどで役立つはずです。たとえ不得意なことがあっても、それぞれが一番得意なことに特化し、能力を伸ばせばいいでしょう。

保護貿易と自由貿易

２０１７年にアメリカでトランプ政権が誕生してから、保護貿易という言葉をよく聞くようになりました。これは、輸入品が国内製造を圧迫することで雇用が悪化し、また国内企業が海外に移転して産業が真空化してしまうなどの理由で、国内産業の保護のために外国との貿易に関税などを設ける考え方です。アメリカを中心に貿易戦争と呼ばれる現象まで起きています。

豆知識 貿易戦争

貿易戦争では、メディアなどによって輸入品に高い関税をかける関税障壁が注目されがちだ。しかし、投資規制や国内生産品に助成金を出す非関税障壁も貿易戦争の手段の１つとなる。この点もチェックしなければならない。

これに対する**自由貿易の中で、理想のかたちは「比較優位」といわれています**。比較優位とはどんな状態のことなのでしょうか？

●相手と比べて「比較的得意なこと」を担当する

会社のある部署に、営業成績ナンバーワンのAさんと、分析にかけては右に出るものがいないBさんがいるとします。Aさんは机に座って資料をつくるのが苦手、Bさんは人とコミュニケーションをとるのが苦手であれば、お互いが得意な分野を担当して、相手の不得意なところを補って協力すれば、仕事の生産性が上がることがわかります。

これほど突出した能力でなくても、得意なことに特化した方が効率的な結果が得られる、というのが比較優位の考え方です。例えば、職場の（絶対的な）営業成績は中位でも、自分の中で営業が一番得意なら、その人の中で最も効率的に稼げる営業に特化するのがよい、ということになります。

これを貿易の話に戻せば、それぞれの国が得意な産業に特化して輸出し、不得意な分野のものを輸入するのが、お互いにとって最も経済的合理性が高くなるというのが比較優位の考え方です。例えば、途上国のある国では織物をつくるのが得意ですが、先進国に比べると生産性がかなり低いとします。そんなふうに他国に比べて劣っていても、自国の中で一番の産業に特化して、苦手なものは輸入すればよいというのが比較優位の最大のポイントです。ただこれが成り立つのは、自由貿易が成り立っているときだけです。

自由貿易とは、関税など国家による介入がなく、海外と自由に貿易が行える状態です。大航海時代のヨーロッパでは、絶対君主制をとる国家が貴金属や貨幣を貿易によって蓄積して国富を増やそうとする「重商主義」という自国中心主義な保護貿易に近い体制です。それに対してイギリスの経済学者アダム・スミスやデービッド・リカードが自由貿易を支持しました。自由貿易によって海外から安価な商品が輸入でき、輸出で利益が得られるだけでなく、新しい技術やスキルが得られる、国内産業が輸出機会を得る、海外企業との競争が起きることで、国内で特定の企業が市場を独占してしまうことを防げるといったメリットも指摘されています。

●理想の貿易のかたちとは?

しかし残念ながら、現実の国際貿易では比較優位はなかなか実現しません。日本の場合もそうであるように、国内の弱い産業を保護するために関税を設ける、助成金を出すなど、多かれ少なかれ、保護が必要とされるのが現状です。海外からの輸入に依存しすぎることをリスクと捉える考え方もあります。比較優位のように合理的には割り切れず、現実の貿易では保護と自由のバランスをどのようにとるかが常に課題となっています。

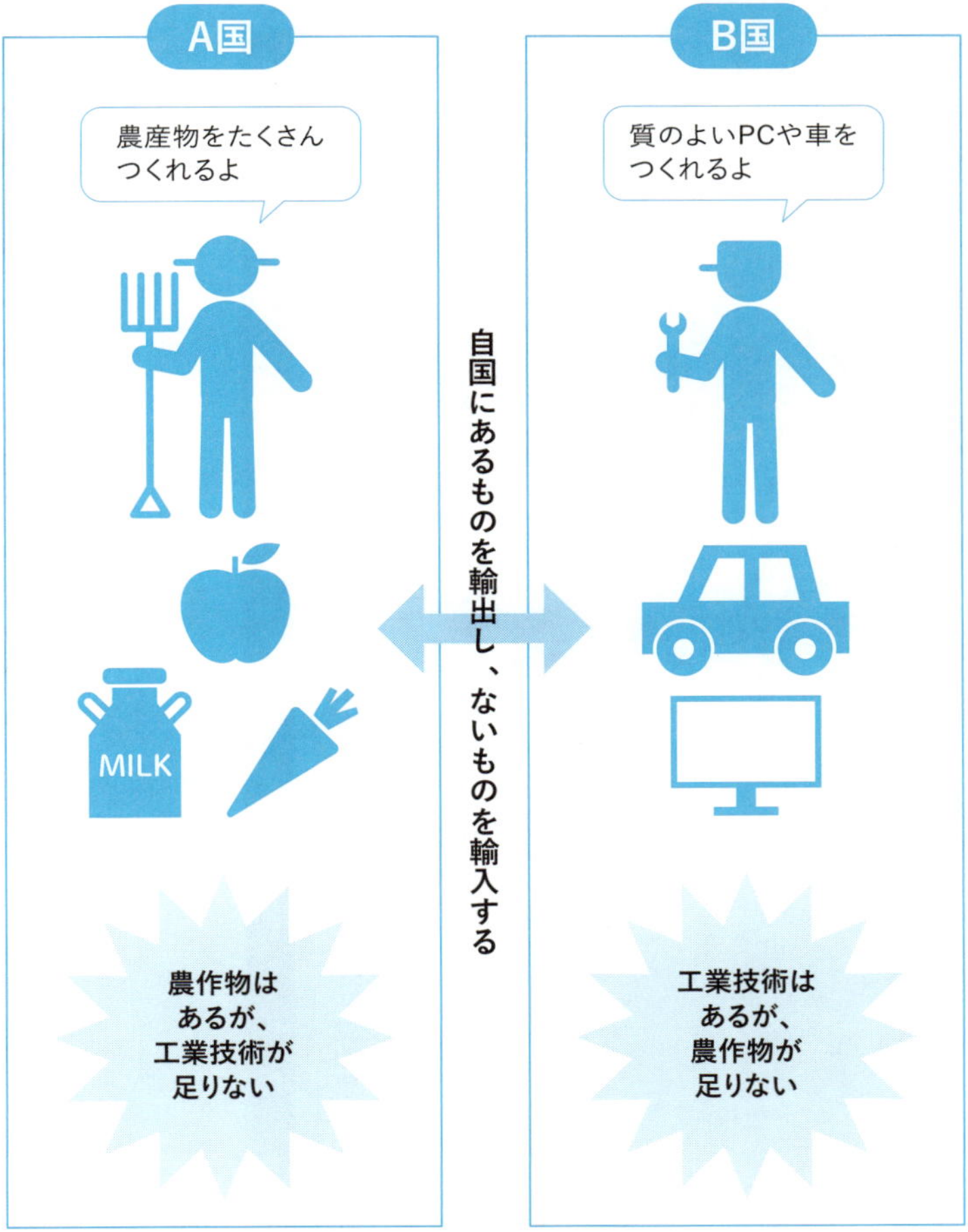

図3-7 自由貿易における比較優位

3-8 単一通貨には欠陥がある？

トリレンマ

今日から役立つポイント

3つのことを同時に達成できず、2つを選ぶと残る1つが犠牲になることがトリレンマです。共通通貨のトリレンマのほか、EU諸国については「グローバル化と民主主義をとれば、国家主権が成立しない」という分析もあります。日本とEUの経済連携協定（EPA）も開始された今、EUの抱える課題を知っておきましょう。

イギリスが「ユーロ不参加」となった理由

EU（欧州連合）が生まれた理由の1つは、20世紀に起きた2回の世界大戦への反省から、戦争をもう二度と起こさないため、加盟国間の経済的な依存度を高めることでした。**国ごとに通貨が異なるとスムーズな経済活動を妨げるため、自由な貿易を推し進めるよう欧州単一通貨の構想も生まれました。**欧州単一通貨であるユーロは1999年に決済用仮想通貨として、2

豆知識　欧州単一通貨であるユーロ

単一通貨「ユーロ」は構想から流通開始までに30年近くもの年月がかかっている。ユーロは、世界の中では小さなヨーロッパの国々が結束することで、各国に対して競争力を高められることを証明している。

002年には現金通貨として発足しました。

しかしイギリスはユーロには不参加でした。イギリスは、将来のユーロ導入に向け、欧州為替相場メカニズム（ERM：European Exchange Rate Mechanism）に従って、ポンドとその他の欧州通貨との相場を、一定範囲に固定していました。しかし、当時のイギリスは景気が大きく後退していたため、その相場が、本来の経済力と比べて高く固定されていると判断した投資家のジョージ・ソロスは、ポンドに対して巨額の空売りを仕掛けます。通貨を売られたイギリスは買い支えるしかありませんが、失敗してしまいます。ポンドの為替レートが急落し、ついにイギリスはERMから離脱せざるを得なくなります。これが1992年のポンド危機です。このときの経験もあり、イギリスはユーロを導入していません。

●2つを選ぶと、残る1つは犠牲になる

EUのその後はどうなったでしょう。ユーロに加入しなかったイギリスも含めて、EU諸国では、加盟の恩恵にはばらつきがありました。**図3－8で示した三角形は、国際金融のトリレンマと呼ばれるもので、この3つのうち1つを犠牲にしなければならないのです。**

例えば、EU加盟後、経済危機に陥ったギリシャの例で見てみましょう。

ギリシャの例 「自由な資本移動」「固定相場制（ユーロ導入）」を選ぶ⇒「独立した金融政

策」が犠牲になる

経済が苦しくても、政府や中央銀行による独自の金融政策を行うことができなくなるため、ギリシャのような経済の弱い国は副作用も指摘されています。

●世界経済の政治的トリレンマとは？

ところで、**経済学者のダニ・ロドリックによって、同じく3つのうち1つは犠牲になることを示す「世界経済の政治的トリレンマ」という仮説が提唱**されており、次のようにそれぞれ、国際金融のトリレンマに対応するとされています。

①「自由な資本移動」⇓「グローバル化（国際経済統合）」に対応

②「独立した金融政策」⇓「国家主権（国家の自立）」に対応

③「為替の安定（固定相場制）」⇓「民主主義（個人の自由）」に対応

国際金融のトリレンマと同じように3つは同時に達成することはできず、必ずどれか1つは犠牲になるか縮小することが指摘されています。

「グローバル化」と「国家主権」をとれば⇓「民主主義」が成立しにくい（例：中国共産党など）

「グローバル化」と「民主主義」をとれば⇓「国家主権」が成立しにくい（例：EU加盟国など）

「国家主権」と「民主主義」をとれば⇓「グローバル化」が成立しにくい（例：現代の世界など）

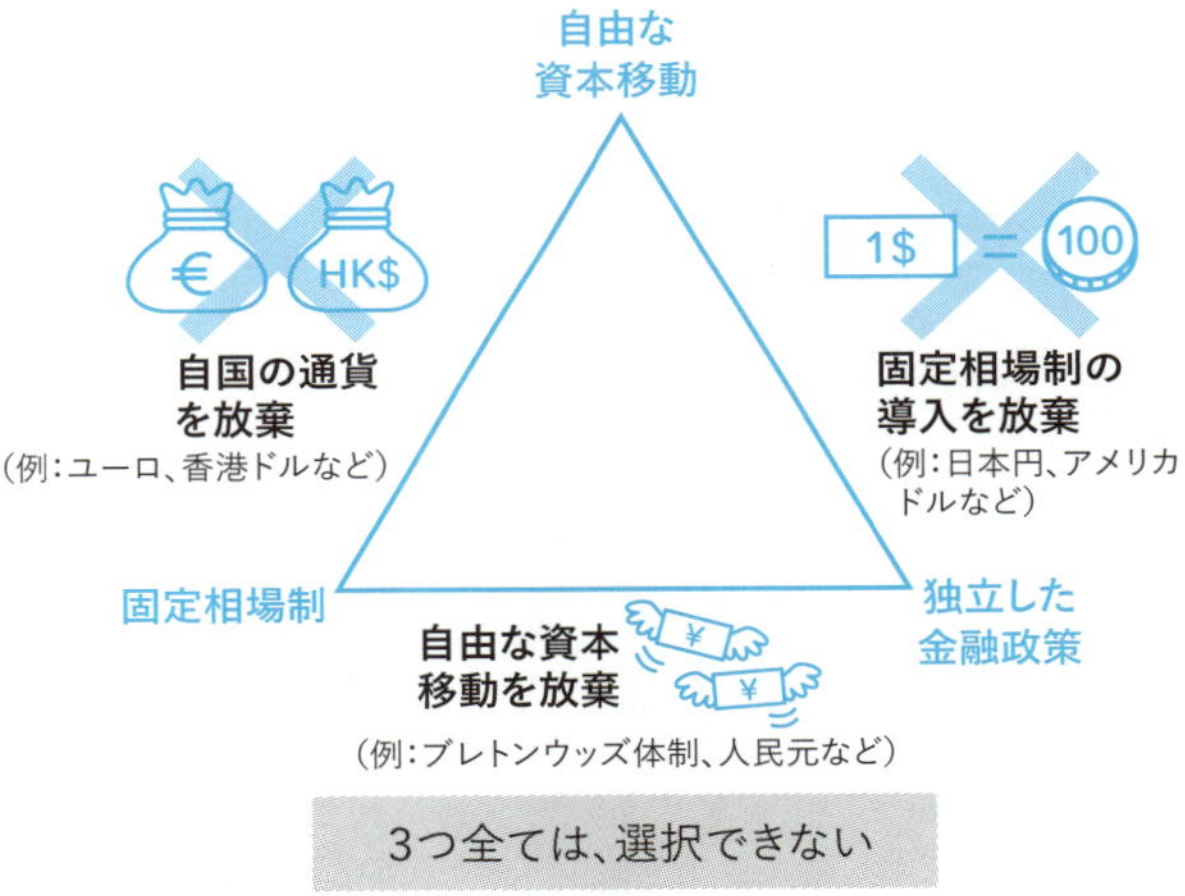

図3-8-① 国際金融のトリレンマ

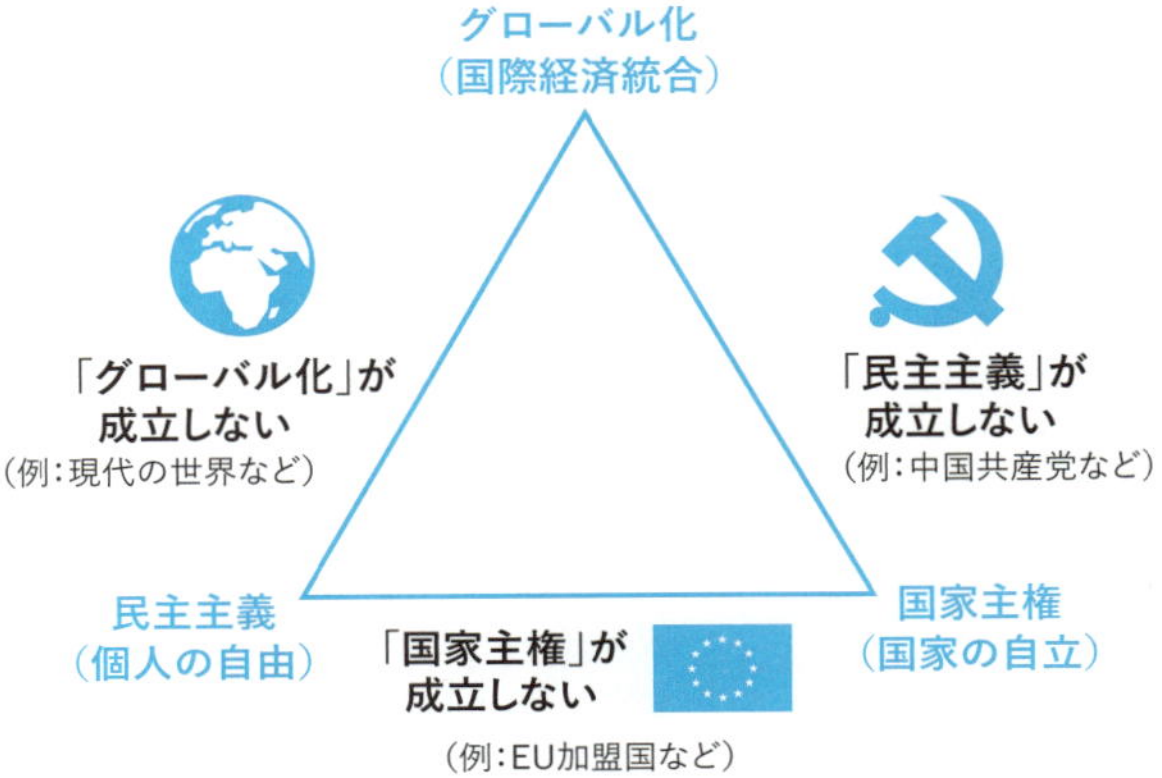

図3-8-② 政治的トリレンマ

3-9

市場の論理

資本主義は社会主義に勝るのか？

今日から役立つポイント

社会主義体制の崩壊や現在の中国を見ると、組織にも国家にも、理想を掲げるだけではなく、市場メカニズムに合わせた適度なインセンティブを設けることが大切なことがわかります。

●現在も低迷が続くロシア経済

ソビエト社会主義共和国連邦（ソ連）はマルクス・レーニン主義を掲げて１９２２年に誕生し、１９９１年に崩壊しました。ソ連最後の最高指導者となったミハイル・ゴルバチョフは、１９８５年にソ連共産党書記長に就任し、ペレストロイカ（改革）とグラスノスチ（情報公開）を掲げて社会主義体制内での改革を目指しました。しかし停滞していたソ連の政治経済の抜本的改革には至らず、倫理観や道徳観に依存した社会主義体制の弊害は大きく、ソ連の崩壊につながりました。

1991年に成立したロシア連邦は、ボリス・エリツィンが初代大統領に就任し、国際政治ではアメリカとの関係改善を進め、国内では市場主義経済導入を図ります。しかし急な改革はハイパーインフレを引き起こすなど、経済の混乱を招いてしまいます。エリツィンは1999年末、テレビ演説で辞任を発表、自身の後継者としてウラジーミル・プーチンを指名しました。2000年に第2代大統領に就任したプーチンは一強政治を続け、2018年に第4代ロシア連邦大統領に再任されて現在に至っています。

このように**一見安定しているロシアですが、輸出の半分以上を石油や天然ガスに依存し、一方ではそれを強みにしています**。近年の資源価格の下落による経済の低迷を見ると、原油安がロシア経済に大きな打撃を与えていることが読み取れます。

中国が「世界の工場」になれた理由

一方で、文化大革命の影響などで1970年代まで立ち遅れていた中国は、1978年に市場の論理を取り入れた改革開放路線を打ち出し、政策を大幅に転換しました。人民公社を解体するなどの農業改革や、経済特区を設けて工業体制の改革などを行いました。農村から大勢の農民が工場での労働者として供給されたことにも後押しされ、中国は1980年代以降「世界の工場」と呼ばれ、2001年には世界貿易機関（WTO：World Trade Organization）にも加盟しています。2010年頃までの中国は、毎年約10％の経済成長率を遂げました。**中国の経済成長は、近年は年6％台とまだ高いものの、数字が鈍化してきています**。その理由として、国が工業化する過程で、農業から移動する労働力が底をつき、労働力が過剰な状態から不足に変わってきている「ルイスの転換点」を迎えているから、という指摘もあります*1。

市場の論理を積極的に取り入れると経済成長につながる

中国政府は2015年、次世代情報通信技術産業やロボット産業を重点分野において高度化を目指した「中国製造2025」を発表、2017年には、2030年までに世界のAI産業を牽引する「次世代AI発展計画」を発表しました。これらの土台が、2013年に発表された中国主導の大規模な経済圏構想、「一帯一路（OBOR：One Belt, One Road Initiative）」であり、それを資金面からサポートするのが、中国主導で設立され、2015年に発足したアジアインフラ投資銀行（AIIB：Asian Infrastructure Investment Bank）です。中国は新興国への経済支援を積極的に行っています。

このようにロシアと中国の現在を比較すると、市場の論理を取り入れた方が国は経済成長しやすいことがわかります。北朝鮮と韓国の比較からもそれが読み取れるでしょう。

豆知識　北朝鮮と韓国

韓国統計庁の分析では、2017年度の北朝鮮の国民総所得（GNI）は韓国の4.5％規模しかない。1人あたりで比較すると、北朝鮮の国民1人あたりのGNIは韓国の23分の1水準となっている*2。

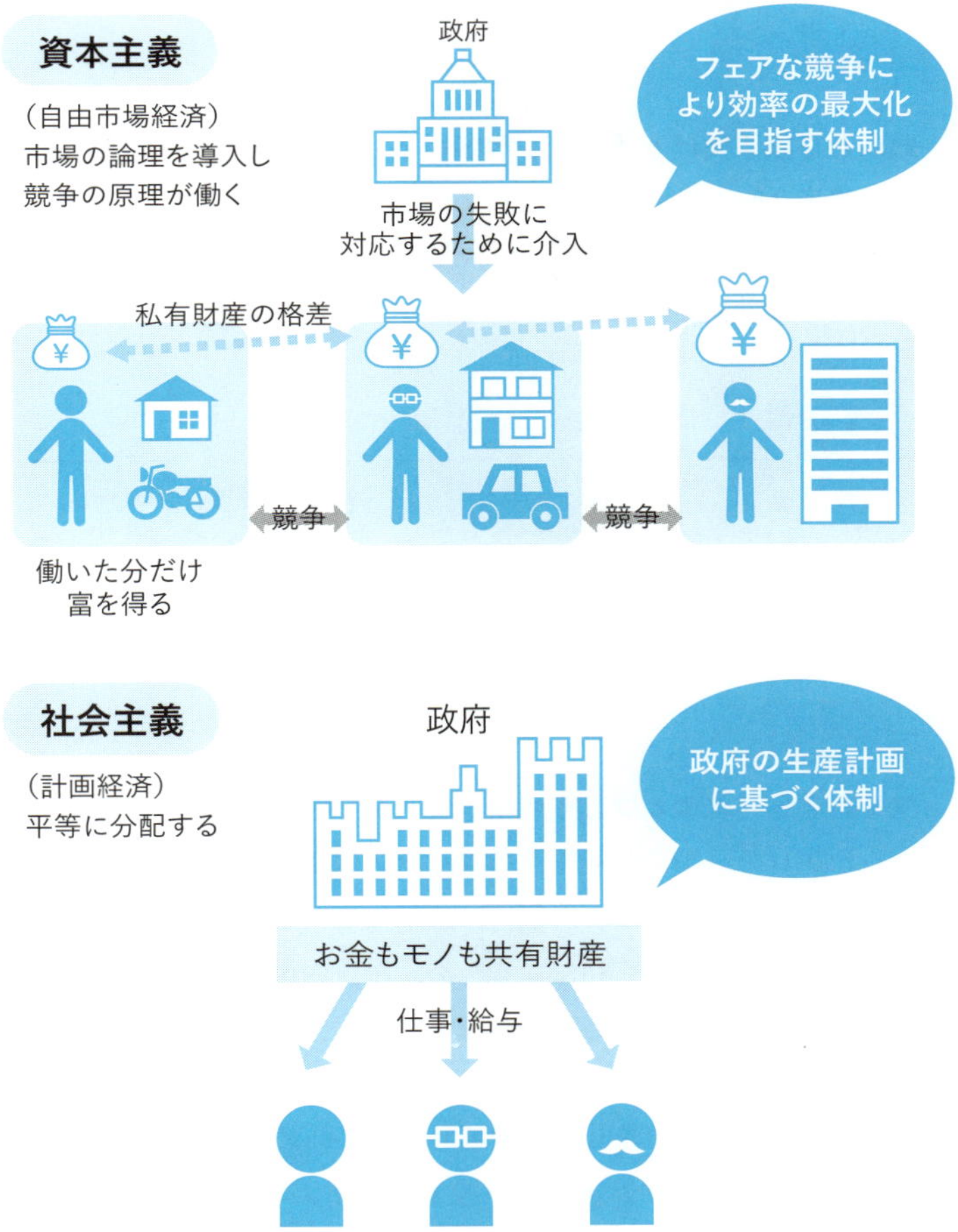

＊崔真淑[著]（2019）『30年分の経済ニュースが1時間で学べる』大和書房.を参照

図3-9　資本主義と社会主義

＊1出所：独立行政法人経済産業研究所「スト・ルイス転換点の中国経済―顕著になった労働力不足の影響―」（https://www.rieti.go.jp/users/china-tr/jp/ssqs/121030ssqs.html）

＊2出所：中央日報「北朝鮮1人当たりの国民所得、韓国の4．3％水準…制裁でさらに広がった南北経済格差」（https://japanese.joins.com/article/298/248298.html j

3 章

演習問題

政府と日銀が掲げる「デフレ脱却」として、消費者物価指数の前年比上昇率２％の目標が掲げられていることを3-5で学びました。このことをヒントに、よく聞く「マイナス金利政策」とはどんなもので、どんな効果を期待したものなのか、推測してみてください。

解答欄

解答例

マイナス金利政策とは日銀当座預金（金融機関が日本銀行に預けている預金）の一部の金利を実質マイナスに引き下げる金融政策。期待される効果としては、①銀行は日銀にコストを払うより企業や個人に貸し出した方が有利になるため、融資の金利を下げる。それによって個人向けローンの金利が低くなる、企業の資金調達コストが下がるなどすれば世の中に回る資金量が増える、②日本の金利が下がれば、海外に投資をした方が有利になるため投資家の海外投資が増える。円を売って外貨を買う投資家が増えれば円安に誘導でき、円安は日本の産業の多数を占める輸出企業や、インバウンド旅行客に有利になる、が挙げられる。

※投資信託や年金運用の利回りが低下するというマイナス面もある。また、想定よりも景気へのメリットが小さいという指摘もある。

4章

道具としての「計量経済学」

4-1

経済学のデータ分析はどのように行う？

実証研究

今日から役立つポイント

経済学を学ぶなら、計量経済学についても簡単に知っておくのがおすすめです。どんなデータ結果にも、批判はつきものです。データ検証の方法の仕組みがわかれば、データ結果を絶対なものとしては捉えず客観的な判断が行えるようになり、仕事でデータ結果を提示する際は、より説得力のある説明ができるでしょう。

●統計学と計量経済学の違いとは？

問題を見つけ、仮説を設定し、実験を行って結果を分析し、結論を出す。そんな科学の進歩によって、私たちは便利な暮らしを手に入れることができました。**科学というと、実験室で研究する「自然科学」のことが思い浮かびますが、経済学は「社会科学」という分野に含まれます。**

自然科学と社会科学には大きな違いがあります。それが、データ分析の手法です。自然科学の実験は、主に実験室で行います。例えばどんな肥料が稲に合うのかという研究なら、肥料の量や気温など諸条件を変えて実験します。実験室で行う実験の特徴は、やりなおし（再現）が可能ということです。自然科学で得たデータ分析は、統計学という分野がメインになります。

それに対して、再現することが難しいのが社会科学の実験です。例えば金融緩和の経済への影響を見ようとしたとき、結果の中には、日本経済に大きく影響するアメリカ経済の動向といった金融緩和以外の影響も含まれてしまうため、それを考慮してデータ分析をしなければなりません。また、再現することも難しいので私たちの社会そのものを対象に統計的な検証に特化した学問が、計量経済学という分野です。

●GAFAが統計学者ではなく経済学者と組む理由

1－1で学んだように、今GAFAと呼ばれる世界的なデジタル系企業が、経済学の博士号をもつ学生を採用したり、経済学者と組んでビッグデータの分析を行ったりしています。データ分析によって、例えばユーザーに対していつどうやって広告を届けるとより効果的か、スポンサー企業への広告費はいくらに設定するのが適切か、といったことを導き出しています。

彼らはなぜ、統計学者でなく経済学者と研究をするのでしょう？　それは、**実験室で行うこ**

とが難しい社会の問題を検証するために、そのデータ検証のメソッドをもつ計量経済学を扱う専門家や経済学者が必要とされているからです。

机上の空論にならないためのデータ分析とは？

研究の手法には、説明、解釈を行い数式などで結論をあらわす理論研究と、観察やデータなどによって導き出す実証研究があります。ITの発達でビッグデータ収集と分析が可能になったことで、実証研究が可能になっています。

国の財政の再分配や従業員の報酬は、理論研究を行って数式で背景を出すことが可能です。こうした理論研究が本当に現実に即しているのか、実際のデータを使って検証するのが実証研究です。例えば、金融政策は理論では効果的とされていても、実証研究では、必ずしも効果を上げていないという結果が出ることがあります。実際、EUやアメリカでは「金利を下げても雇用は増えない」といった金融政策を検証した実証研究の結果があります＊1＊2。それによって「新しい理論をつくろう」という、次の試みを行うことができるのです。

実証研究は大まかに整理すると、2つのタイプがあります。1つの国や会社、国策の意思決定者などに絞った「定性的な研究」と、たくさんのデータを使って平均的に分析を行う「定量的な研究」になります。

豆知識　金融政策を検証した実証研究

理論研究では、金融政策をすることによって雇用が増える、銀行の貸し出しが増えるといわれてはいるが、成熟した先進国では、金融政策が行われたからといって必ずしも効果は上がらなくなってきていることは実証研究によって指摘されてきている。理論研究をベースにした金融政策は現在、過渡期を迎えている。

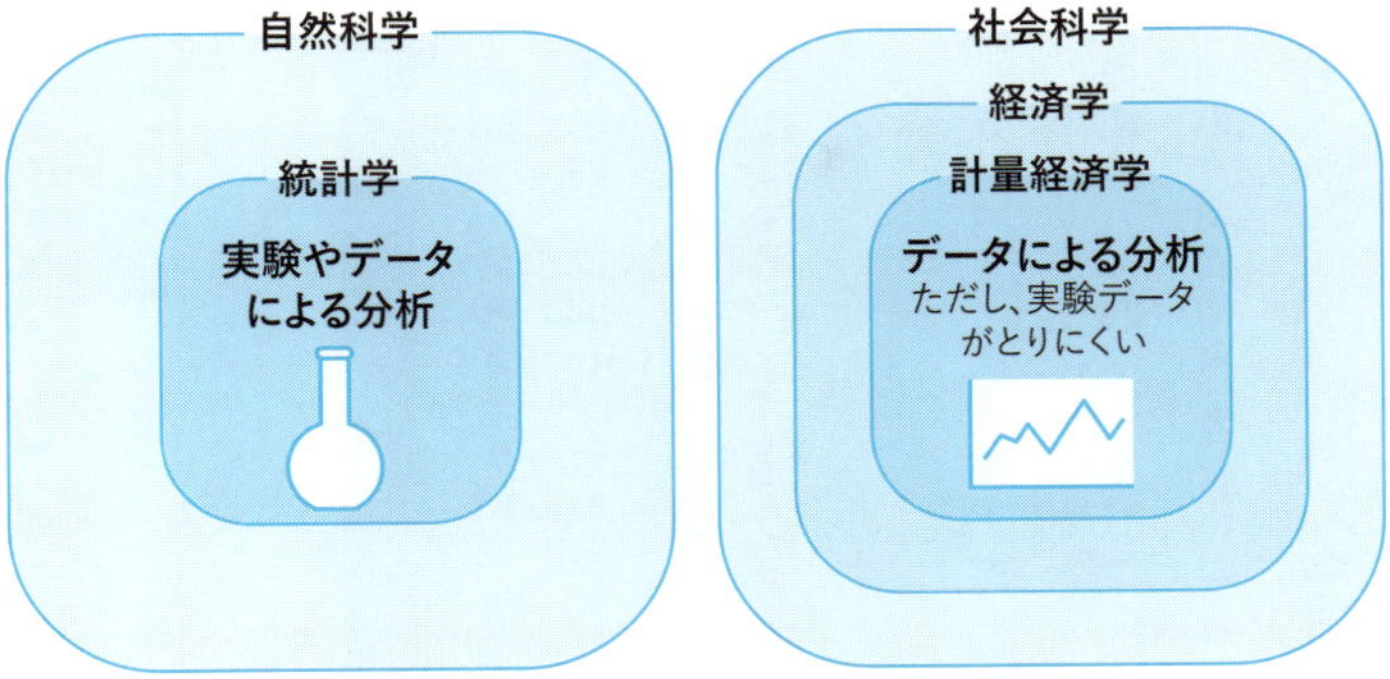

図4-1 統計学と計量経済学

定性的な研究では、例えばある自動車企業のイノベーションの源を研究するときには、その企業のあらゆることを細かく調べます。絞った分析ができることがメリットですが、客観性の確保が難しく、研究者の主観が入りやすいという注意点もあります。

それに対して定量的分析は、例えば自動車産業全体のイノベーションをテーマとして、業界内の多くの企業データを使って平均的な分析を行います。客観性はあるものの、質までは見えづらいのはやむを得ません。

データ分析には定性的な視点と定量的な視点の両方が大切です。

＊1出所：(2017) “Did ECB Liquidity Injections Help The Real Economy?”
https://editorialexpress.com/cgi-bin/conference/download.cgi?db_name=CICF2017&paper_id=853

＊2出所：(2015) “Whatever it takes: The Real Effects of Unconventional Monetary Policy”
http://pages.stern.nyu.edu/~sternfin/vacharya/public_html/pdfs/Acharya%20et%20al%20Whatever%20it%20takes.pdf

4-2

広告をうのみにしていませんか？

代理変数

今日から役立つポイント

「98％のお客さまが満足！」という広告があっても、無料サンプルをもらった人や、その商品に関心がある人を対象にした調査かもしれません。小さな字で併記されていることも多い「どんな人を対象に調査を行ったか」を見ないで数字だけを信じることには用心を。数字にダマされない方法を知っておきましょう。

●偏りのないデータの集め方とは？

データの集め方に偏りがあると、結論も偏ったものになってしまいます。例えば、ある製品のシリーズの愛用者に新製品サンプルを配って調査すれば、新製品の「お客さま満足度」は高い数字が出るかもしれません。このように**データを恣意的に集めているかという選択バイアスの問題は、調査につきものです**。例えば「職業訓練を受けた人ほど再就職の確率が高くなる」

という調査結果がある場合、そもそも職業訓練を受ける人は仕事に対して意欲的なのではないか、といったことが考えられます。調査結果を見る際には、データを集めた対象が恣意的ではないか、などに留意しなければなりません。

データの客観性をより高めるためにはどうしたらいいのでしょう？　伝統的な方法では、**調査サンプル数を増やす**ことです。4－1でも例に出した金融緩和による経済への影響を調べるとき、日本だけではなくアメリカやEU諸国といった国々のサンプルも集めることで、偏りを防いでより平均的な傾向を見ることができるようになるでしょう。

もう1つ気を付けるべきは、AとBに関連があるという「相関関係」と、Aが起きるとBが起きるという「因果関係」です。

相関関係と因果関係は、混在していることがよくあります。例えば、「ある遺伝子の数」と「がんになりやすい確率」が単に連動する場合は相関関係で、その遺伝子ががんを引き起こす経路は明確ではありません。一方、経路が明確になり、「ある遺伝子の数が多いと、がんを発症する確率が高まる」となった場合は因果関係です。しかし単なる相関関係が、「がんになりやすい遺伝子」というように、因果関係のように語られてしまう例はよく見られます。

相関関係が因果関係のように解釈されているケースは、ほかにも多くあります。近年よくある例として、メディアで「女性の社員比率を高めると、企業業績がよくなる」といった情報が発信されることがあります。しかし計量経済学の実証研究では、女性社員の増加と企業の業績アップには、因果関係は明確でないことが指摘されています。

さらに、因果関係の「Aが起きるとBが起きる」が反対に語られることもあります。「雨が降ったから（結果として）コンビニの傘が売れる」は因果関係ですが、逆に捉えると「コンビニの傘が売れたから（結果として）雨が降る」となってしまいます。傘の例はすぐに間違いだとわかりますが、因果関係が逆に捉えられて語られている、笑えない例も多くあります。

●人の能力をIQに置き換えて分析

ところで、例えば「能力」というのはとても抽象的で、何を能力と捉えるかは人によって異なるでしょう。そこで、**「能力の高い人は〇〇だ」という調査を行いたいときは、何かのデータを、能力の代わりに置き換える必要があります。**

実証研究を行う際に、計量経済学では抽象的なことを分析するために代理変数を使います。人の能力を測るなら、偏差値、学歴、IQといった数値であらわすことのできるデータを取得し、（代理変数として）置き換えるということです。研究では、最初から1つの代理変数を決めず、能力の例なら偏差値、学歴、IQといったデータをとりあえず集めて、研究したいことのデータと掛け合わせて分析し、どれが最も人の能力を示すのにふさわしい代理変数かを取捨

豆知識　代理変数

例えば豊かさの代理変数を「所得」としたとき、「豊かさの指標はお金だけではない」という反論も出てくる。このように全ての人は納得しないにしても、より客観性のあるデータ分析のためには、何を代理変数にするかが重要になる。

能力を分析するときは、数値であらわす必要がある

図4-2 能力を測る代理変数は?

選択して1つを採用する、といったことも行われます。

でも、そこまで注意して代理変数を選んだとしても、「この研究では人の能力について、IQを代理変数として置き換えました」といわれたとすると、「人の能力はIQで置き換えられるものなのか?」という議論が生まれます。実は、これはとても重要なポイントです。抽象的なことを分析するときは、何かが代理変数になっているはずです。結果を見るときは、その研究の前提として、研究者が何を代理変数としているかも含めてチェックすることが必要なのです。

4-3

平均点は万能なの？

平均・分布・分散

今日から役立つポイント

「平均的にはこうです」といわれると、私たちは何となく納得してしまいます。でも平均だけでは、データの重要な部分を読み落としていることもあります。データ分析について知り、データにもクセがあることがわかると、「平均的に」といわれてもそれをうのみにせず、もっと踏み込んだ質問ができるようになります。

●平均だけでなく中央値、分散も活用しよう

「従業員の満足度」を調査する場合、満足度は抽象的なのでさまざまなデータが必要です。ここでは4－2で見た代理変数の1つとして残業時間を使います。分析のために、平均をとります。しかし、集めたサンプルの中に偏りがあると、平均に影響を与えます。

例えば、ある職場の平均が「週3時間の残業なら満足度は保てる」という結果だったとしま

豆知識　調査（母集団と標本）

調査を行う際、例えば対象が日本国民の場合、全員に一斉に調査を行うことは不可能に近く、取得コストも膨大になる。そこで日本国民を母集団とし、そこから標本（サンプルデータ）を抽出し、データ分析する方法がとられる。

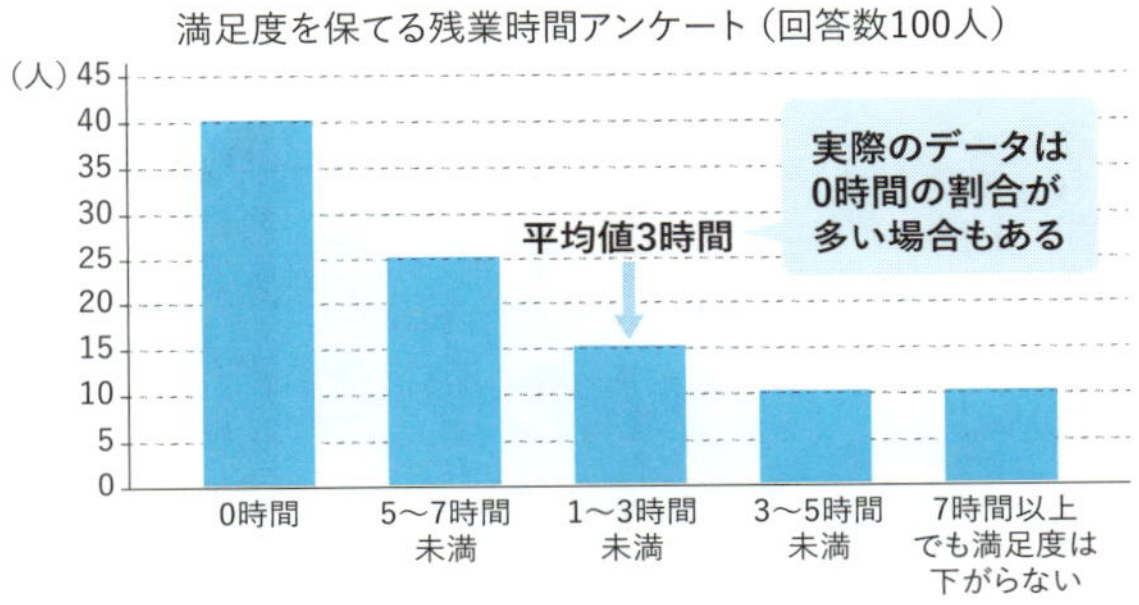

図4-3 従業員の満足度の例

す。しかし実は、「週3時間未満なら満足」がほとんどである場合もあれば、「残業ゼロ以外は不満足」という多数派と「何時間残業しても満足度は下がらない」という少数派から成り立つ職場かもしれません。そのため**平均から読み取れない分布を見ることも大切**です。

別の角度でも分析してみましょう。例えば、数値を小さい方から並べたときに、真ん中に位置する中央値を調べる方法です。平均値と中央値が近い値なら偏りが少なく、平均値と中央値の距離が離れていれば、データの散らばり具合（分散）が大きいことがわかります。

「働く人の満足度」について調査したい場合、給与、残業時間、人間関係のよさ、転勤の多さといったさまざまな代理変数のデータを取得して、それぞれ平均値、中央値、分散を比較します。ちなみにエクセルを使えば、平均値「AVERAGE関数」、中央値「MEDIAN関数」、分散「VAR関数」の利用で、比較が簡単に行えます。

4-4 ビジネスの現場で使われる分析方法

OLS

今日から役立つポイント

最小二乗法（ＯＬＳ）と聞くと何やら難しそうですが、その中身はシンプルです。巨大ＩＴ企業によるデータ分析も、ＯＬＳから始まることが多いとか。この方法のイメージをつかむことによって、データ分析に関する仕事が、非常に重要であることもわかってくるでしょう。

●因果関係を調べる最初の方法、ＯＬＳ

４章の最後に、実際のデータ分析の手法も見ておきましょう。**データの因果関係を調べたいとき、最も簡単で最初に使うべき方法が最小二乗法（OLS：Ordinary Least Squares）です。**

ＯＬＳとは、図４－４－①のように、データの値から距離が最小になるような直線を１本引いてみようという、妥協点でできた直線のようなものです。とりあえず試してみることがＯＬＳ

豆知識 最小二乗法（OLS：Ordinary Least Squares）

OLSは社会科学のデータ分析で使われる代表的な統計的手法。平均の値はデータ単体あたりの傾向を示したものだが、OLSでは相関、分布といったデータ同士の関係を見ている。適切に使わないと誤った結論が導き出されてしまうため、分析には注意が必要になる。

の役割で、直線を引くことができればデータに相関がある可能性を示します。エクセルの回帰分析というツールを使うと、OLSは簡単に行えます。

OLSの特徴をつかむために、私たちがよく知っている「平均」と比較してみましょう。平均からは、データ全体についての傾向がわかります。それに対して**OLSでわかるのは、データとデータに相関があるか（関連性が高いか）、データの散らばり具合（分散）はどうかということ**です。OLSでの分析手順は、最初に相関があるかどうかを調べ、相関があるなら分析します。相関がない場合、別の分析方法でほかの関係を調べます。

●強引に直線にするとデータ分析を誤ってしまう

具体的には、まず、先に紹介した回帰分析のツールを使うなどして、OLSでデータを直線にすることを試みます。直線にならなければ、データ間の相関がない可能性が高いという結論になります。直線になっても、2本の線が引けてしまう場合には、1つのデータの中に属性が異なるデータが混在している可能性があります。その場合はデータを分けてそれぞれ分析しなければなりません。

データを扱う際には、「外れ値」という、平均や中央値から極端に異なる値に注意が必要です。これを除かないと、外れ値の影響を受けて、直線そのものがズレてしまいます。そこで平均値や中央値を極端に外れた値は除去し、除去したグループは分けて検証します。この分け方にも、いくつかの方法があります。

分析の過程では、このような丁寧な検証をしていかないと、結果として1本の線になったとしても、図4－4－②のように、分布を見ると明らかに属性の違う集団が1つのデータの中にあるのではないかと推測されるケースも出てきます。**そうした点を見過ごして1本の直線として解釈すると、現実とは乖離した研究結果が生まれる可能性もあります**。これがデータ分析の難しいところですし、分析結果を見る側の注意点であるともいえます。

実際にあったケースでは、ＯＬＳの結果「女性の就労率が高い国は、出生率も高い」という結論が記事としてメディアに発表されたところ、経済学者がＳＮＳでデータ分析方法の間違いを指摘しました。ここでは、データをさらに就労率の高い国と低い国に分けて、それぞれ出生率を比較した上で検証するべきだった点などが指摘されています。

●ＯＬＳ分析でわかる「命名権」の経済効果

あなたが企業のマーケティングの担当者や広告代理店の社員なら「広告費をアップしてプロモーションを行った結果、製品がよく売れた」というストーリーは非常に大切です。でも、売上が伸びたのは本当に広告効果だけでしょうか？　例えばその年の夏が猛暑なら、飲料やアイ

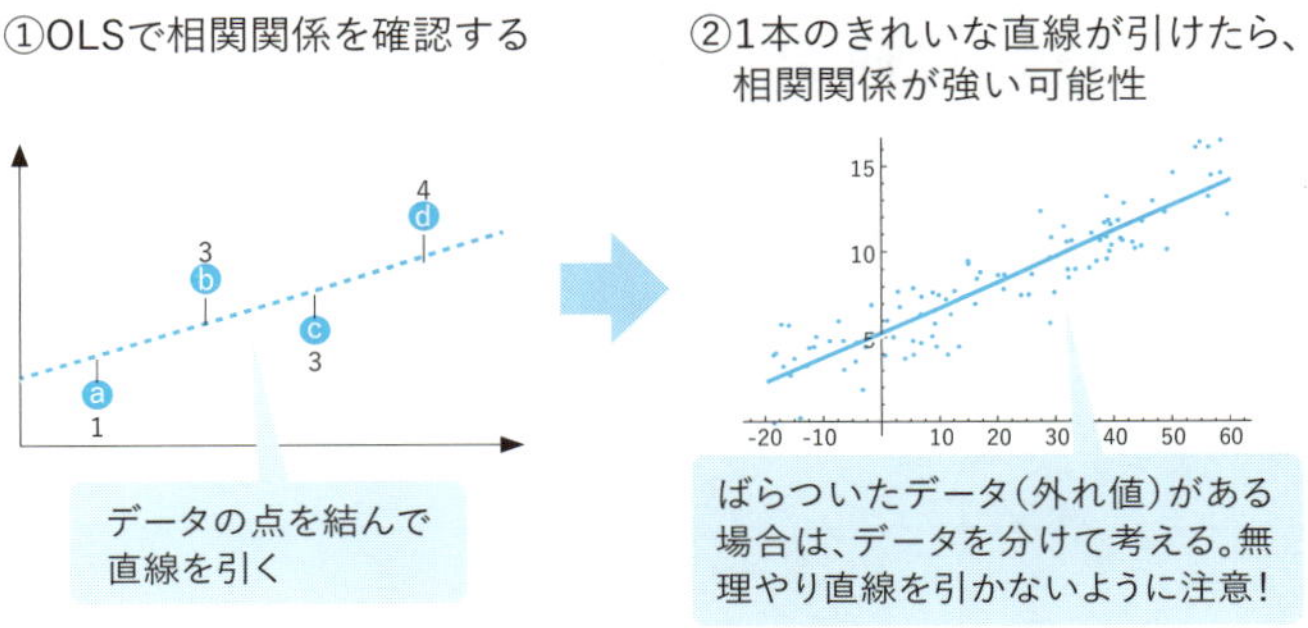
①OLSで相関関係を確認する
4
d
3
b
c
3
a
1
データの点を結んで直線を引く
②1本のきれいな直線が引けたら、相関関係が強い可能性
15
10
5
-20 -10 10 20 30 40 50 60
ばらついたデータ（外れ値）がある場合は、データを分けて考える。無理やり直線を引かないように注意！

図4-4　OLSの分析手順の一例

スクリームの売上は上がりそうです。「売上には広告だけでなく、天候の影響もあるはず」といった反論は必ず起きます。4－1で学んだように社会科学の分野では一般的に実験室での実験はできません。そこでビジネスの現場ではさまざまなデータを集めてきてまずOLS分析を行い、4－2のように相関関係と因果関係に留意しながら、広告を投入したことの効果を検証します。

最近は、スポーツ施設などに企業名やブランド名を入れる、ネーミングライツ（命名権）が流行しています。ネーミングライツの経済効果も、OLSで分析することもさかんです。

4 章

演習問題

4-2で相関関係が因果関係のように解釈されているケースを学びました。あなたが見聞きした話や身近な例で「相関関係はあるが、因果関係はない（あるのかは疑わしい）」事例と、なぜそう思うかを挙げてみましょう。

解答欄

解答例

「広告費をアップしたので、ある暖房器具の売上が上がった」⇒その冬の寒さは厳しかったのか、暖冬だったのか。冬の寒さが厳しかったことも原因の１つかもしれない。

「清涼飲料が売れる夏には、エアコンも売れる」⇒清涼飲料、エアコンはともに気温が高いと売れるので相関関係はあるといえるが、両者に因果関係はない。

5章

お金の流れがわかる「ファイナンス理論」

5-1

会計とファイナンスの違いとは？

ファイナンス理論

今日から役立つポイント

会計が過去の企業業績を見るのに対して、ファイナンスは未来の企業価値を見ています。ファイナンス理論の考え方を応用すれば、自分の将来の価値を考えながら「キャリアアップのためにどんな自己投資をするか」といった個人の選択や、自分が関わるプロジェクトや仕事への客観的分析がより深くできるでしょう。

●ファイナンスは未来の価値を見る

ビジネスパーソンには会計の知識が必要といわれています。それに加えて、最近はファイナンス理論をベースとした思考も注目されるようになりました。これらはどう違うのでしょう？

会計とは、個人の家計簿から企業会計まで、経済活動を一定のルールに基づいて記録したものであり、基本的に過去に起きたことを整理しています。それに対して**ファイナンス理論では、**

将来のキャッシュフロー（現金収入）がもたらす価値を、現在の視点で評価することができます。

●経営者にファイナンス理論が必要な理由

経営とは、何となくビジネスを行って、結果としてお金が儲かるというものではありません。会社を継続的に経営するなら、借り入れた資金などをどのように活かして効率的な経営を行うかを考えなければなりません。経営は、これから投資をした場合、未来にどのくらいのリターンがあるか考えながら行うものだからです。

投資が行き過ぎると会社のお金が減って、必要な資金繰りができなくなります。かといって、守りすぎるとビジネスチャンスを逃します。これは、大企業の経営者でなくても、自分でスモールビジネスを行う場合や、会社で管理職になったときにも必要な思考です。

未来への投資とリターンを考えるとき、また今行っている事業がうまくいかないときに、再投資するか撤退するかという、トレードオフである重要な決断を行う際にも、ファイナンス理論は判断材料として役立ちます。

ファイナンス理論で「将来の価値」がわかる

例を挙げてみましょう。2019年4月、三菱UFJフィナンシャル・グループは、投資に見合った収益が見込めないという理由で、クレジットカード子会社の新システムの開発を中止し、その結果として2019年3月期に1000億円規模の追加損失を計上するとの報道がありました*。たとえ巨額の損失を出しても、ここで撤退して資金を別の有望な事業に投資した方がいい、という経営判断をしたことが推測できます。

こうした、**進めている事業やプロジェクトから撤退すべきかという決定にも、ファイナンス理論が活用できます**。

「数字に強い人」になるために

企業経営だけでなく、複利運用によって投資資金が倍になる年数がわかる「72の法則」のように、ファイナンス理論をもとにした思考は「数字に強い人」になる一歩です。例えば10万円の予算があって「金融資産に投資するか、自己投資にお金を使うか」と迷ったとき「金融資産でせいぜい年1%でしか運用できないなら、自己投資を選ぶ」といった選択もできるようになるでしょう。

豆知識　72の法則

複利運用した際に「72÷金利（%）≒お金が2倍になる期間」を示す計算式。借金にもあてはまり、例えばカードローンの金利が年15%の場合、72÷15≒4.8年となる。

＊日本経済新聞電子版（2019年4月22日）
URL：https://www.nikkei.com/article/DGXMZO44018660R20C19A4NN1000/

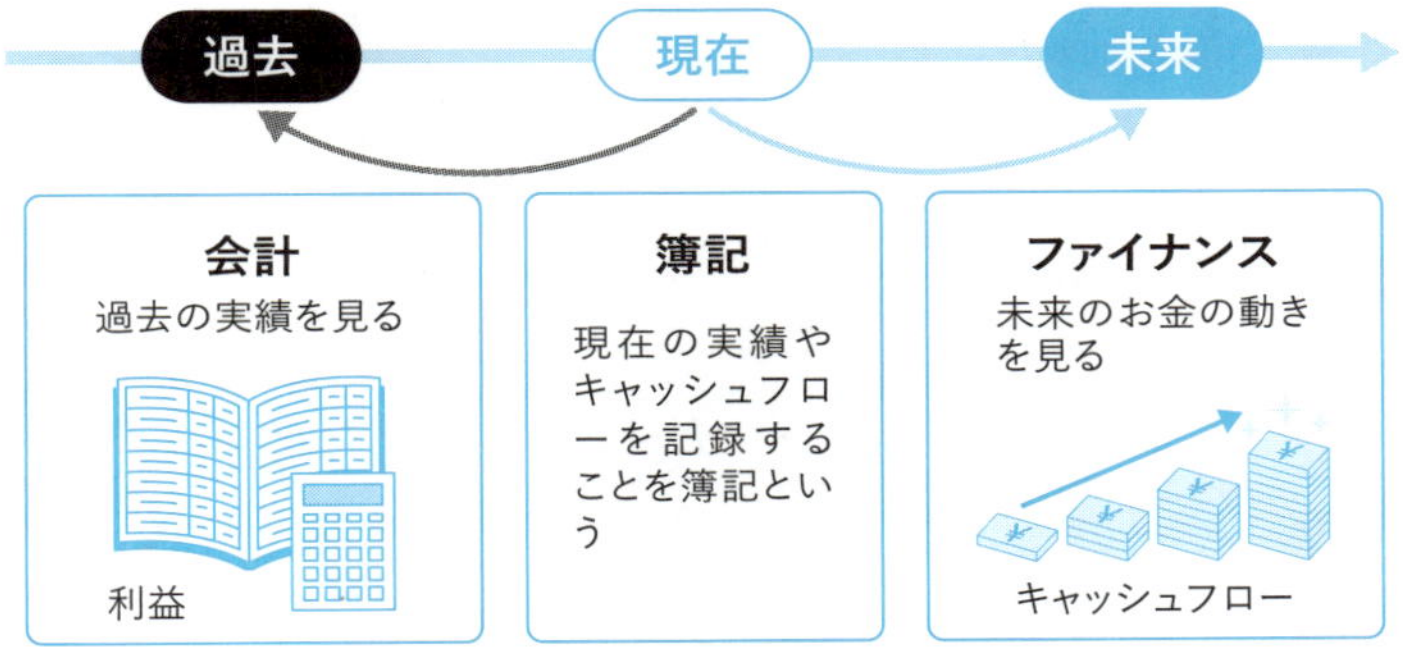

図5-1-① 会計とファイナンスの違い

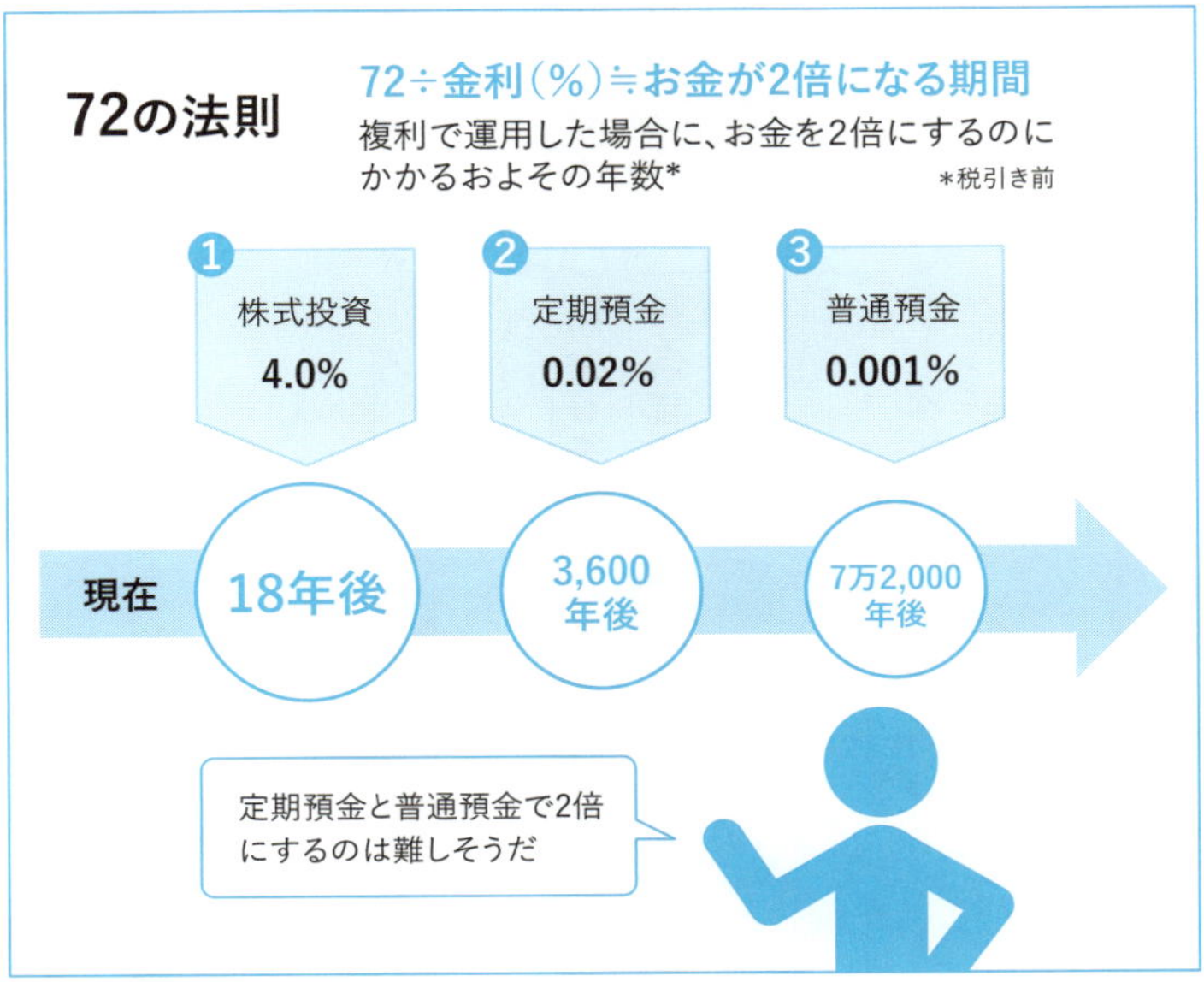

図5-1-② 72の法則

5-2

100万円を預けたら5年後いくらになる？

単利と複利

今日から役立つポイント

「100万円を利回り1％で複利運用するとします。5年後の元利合計（もともとのお金と利息の合計）はいくらになる？」に対する答えは105万円でしょうか、それとも105万円より多いでしょうか？　複利について知ると、この問題の答えが簡単にわかります。そして、お金の貯め方がもっと上手になるでしょう。

●単利と複利の違いとは？

「今日から役立つポイント」の冒頭の問題をセミナーなどで出すと、「105万円」と答える人が意外に多いです。「元本は100万円なので、『100万円＋1万円×5年＝105万円』と計算する」というのは単利の考え方です。

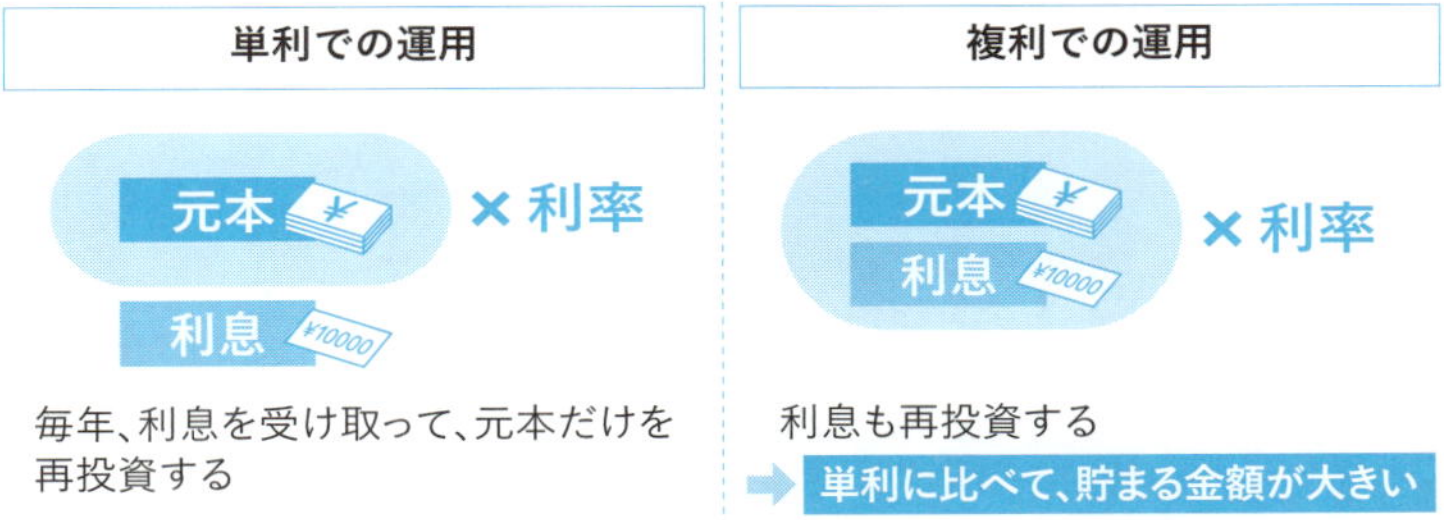
単利での運用
元本
¥
× 利率
利息
¥10000
毎年、利息を受け取って、元本だけを再投資する
複利での運用
元本
¥
利息
¥10000
× 利率
利息も再投資する
単利に比べて、貯まる金額が大きい

図5-2-①　単利と複利の違い

単利とは、利息を再投資しないことを意味します。この場合でしたら、１年後に１０１万円になったとき、利息の１万円を使ってから残りの１００万円を再投資することを毎年繰り返すイメージです。

それに対して**複利は、１年後に利息がついて１０１万円になったら、その元本と利息を再投資します**。もちろん、利息の部分にもさらに利息がつきます。その結果、５年後には単利で運用したときに比べて１０１０円のプラスになります。

金額が少なかったり、利回りが低かったりするとそれほどの差は感じられませんが、例えば「１００万円を利回り３％で10年間複利運用」すると、単利では１３０万円、複利では１３４万９９１６円となり、だんだん差がついてきます。

現在はインターネット上で「複利計算」と入力すれば無料でさまざまなシミュレーターが出てきますので、

式を暗記する必要はありません。ただ、**ファイナンス理論を学ぶ際に、複利の概念は基礎になりますので、イメージだけはつかんでおいてください。**

●「キャンペーン金利」の落とし穴

キャンペーンで高い金利が設定されることがあります。あなたが「キャンペーン金利（年率）1・5％」と書いてある定期預金を見つけたとします。ところが横に、小さい文字で「（3カ月）」と書いてあります。この定期預金にお金を100万円預けたら、1年後には利息1万5000円（※税引き前、以下同じ）がもらえるのでしょうか？

あまり意識してこなかったかもしれませんが、本項目までの金利は「1年あたり」に対してつくものとして計算してきました。特に注意書きがない場合、利息は1年ごとにつくものと考えてOKです。しかし、ここでは「3カ月」がくせものです。3カ月ものの定期預金は、1年のうち3カ月間だけその金利が適用され、式にすると次のようなイメージになります。

●年率1・5％×（3カ月／12カ月）

契約を更新するタイプの場合、4カ月目からは通常の利息に戻ってしまいます。超低金利時代には、短期間でもありがたい金利かもしれませんが、このような「3カ月もの」「1カ月もの」といったキャンペーンの数字のマジックには気をつけましょう。

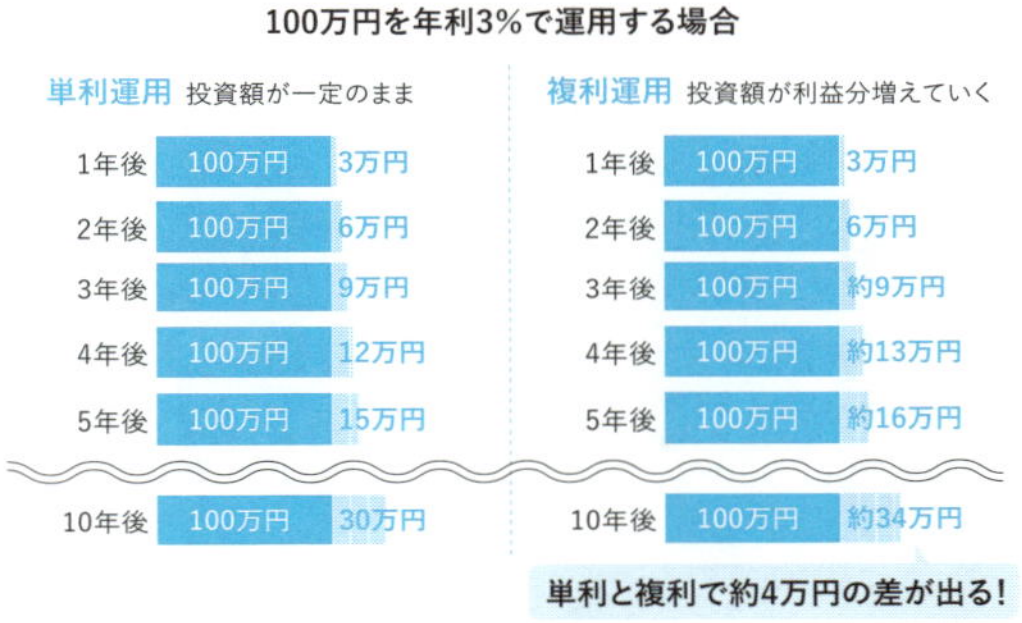

図5-2-② 複利の計算

●「複利で積み立て」の効果とは？

現在は「iDeCo」（イデコ、個人型確定拠出年金）、「つみたてNISA」（積み立て型の少額投資非課税制度）など、非課税で積み立て投資ができる制度があります。**実は複利で積み立て運用できて、しかも非課税というのは、非常に有利な資産運用の方法です。**

例えば、つみたてNISAでは、1人につき毎年40万円まで、一定の投資信託（投資先の選定や株式などの売買を専門家に任せる金融商品）が非課税で購入可能です。それぞれの年に購入した投資信託を保有している間に渡されるお金（分配金）と、値上がりした後に売却して得た利益（譲渡益）が、購入した年から数えて20年間も非課税になります。非課税で保有できる投資総額は最大800万円です。

1カ月あたり3万3000円ずつを毎月積み立てて、

※上記は2019年現在の制度にもとづいています。最新の制度は金融庁のウェブサイトなどをご覧ください。

20年間複利運用をするとして、20年後に受け取るのはいくらでしょうか？

毎月、家のたんすに貯めた場合は792万円のままで運用収益0円ですが、利回り2％で運用できたら、最終積立金額は972万8296円（元本792万円＋運用収益180万8296円）、利回り3％で運用できれば1083万3966円（元本792万円＋運用収益291万3966円）、利回り4％で運用したら、最終積立金額は1210万3563円（元本792万円＋運用収益418・3563円）です。

先に述べたシミュレーションツールで、ぜひ複利の効果を実感してみてください。もちろん、投資には市況によって価格変動のリスクがありますので、実際に投資をする前によく理解することも大切です。

●「借金も複利」であることをお忘れなく

今までは複利のよい面を見てきました。**ところで立場が変わって、借金をしたときには、複利なので雪だるま式に借金が増えていきます**。現在は、住宅ローンだけでなく、カードローンなど、カジュアルに借金ができてしまいます。特に、カードのリボ払いの怖さがわかります。5－1で紹介した「72の法則」にあてはめれば、あっという間に借金が倍になるケースがあることが理解できるでしょう。

豆知識　リボ払い

分割払いが「回数」で返済するのに対してリボ払い（リボルビング払い）は毎月5000円といった固定返済額を返済するだけなので、固定返済額以上の買い物を行うと、残債に年15％などの高い金利がかかり続ける。

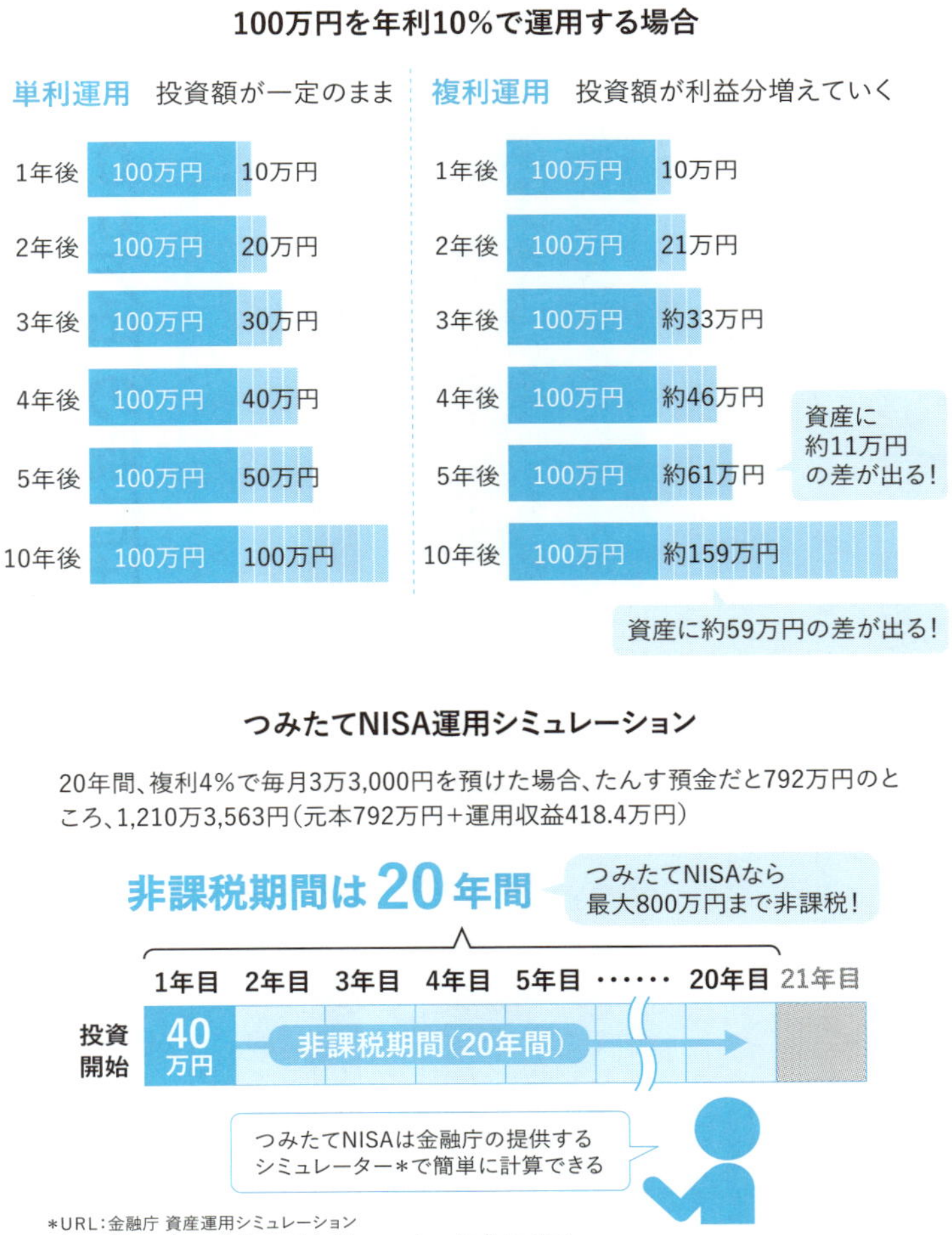

20年間、複利4%で毎月3万3,000円を預けた場合、たんす預金だと792万円のところ、1,210万3,563円(元本792万円+運用収益418.4万円)

*URL:金融庁 資産運用シミュレーション
https://www.fsa.go.jp/policy/nisa2/moneyplan_sim/index.html

図5-2-③　100万円の運用シミュレーション

5-3

現在と3年後の100万円の価値は違う？

現在価値と将来価値

今日から役立つポイント

「100万円をもらえるとしたら、今すぐか、3年後のどちらに受け取りたいですか？」と聞かれたとき、多くの人は「今」と答えるのではないでしょうか。この答えは経済学的にも合理的です。お金の機会費用について知ると、現在と将来という時間軸で自己投資や金融資産への投資の判断ができるようになるでしょう。

●「未来にもらえるお金」の現在価値は安い

「今すぐもらえる100万円は、3年後にもらえる100万円よりも価値がある」。直感的には納得しても、理由を聞かれるとすぐには答えられないかもしれません。このとき「お金の機会費用」で考えると、スッキリします。

今もらえる100万円を、私たちはビジネスの資金にする、金融資産に投資するなどして増やす機会を得ます。「黒字倒産」という言葉があるように、数カ月後なら売上金などのお金が入るめどが立っているのにもかかわらず、キャッシュが底をついてしまい、どこからも貸してもらえないといった状況では、会社は倒産してしまうこともあります。手元にあるキャッシュとは、それほど大事なものです。

一方で**3年後の100万円なら、お金を手にするまでの3年間、お金をすぐ手にしていたら得られたかもしれないチャンス（機会）を失うことになります**。その間に、例えば会社の設備投資としてオフィス家具を買う、有望な投資先に資金を投じるなどのお金を増やすことができたかもしれないからです。機会を失ってしまう分、現在に比べて価値が安くなるのは感覚的にも納得できるでしょう。

●「今の100万円」の将来価値とは？

このように、**機会費用で考えると、現在のお金の価値（現在価値）は、将来のお金の価値（将来価値）よりも高いことがわかります**。計算で比較することができるので、同じく「現在の100万円」「3年後の100万円」の例で見てみましょう。ちなみに現在価値、将来価値は、それぞれ現在価値はPV、将来価値はFVと書くことがあります。

必要になるのは、5－2で学んだ複利の考え方です。5－2では資産運用をしたときの複利の素晴らしさ、逆に借金をしたときの複利の怖さを学びました。

今回の比較では、100万円を年5％で複利運用できると仮定してみます（この場合、年5％で運用したら、という意味合いで「5％の期待収益率」といいます）。

図5－3－①の計算式にあてはめると、現在の100万円（PV）が3年後にもつ価値（FV）は、115万7625円となります。

ところでこの式に、どこか見覚えはないでしょうか？ **実は、5－2で学んだ金融資産や借金の複利計算とは、つまり将来価値を出す計算と同じなのです**。「将来価値（FV）＝元本×$(1+r)^n$※1」というのは、シンプルな式なので覚えやすいですし、現在価値を出したいときも、「現在価値（PV）＝将来価値（FV）÷$(1+r)^n$」のように少し変えればよいのです。

●「3年後の100万円」の現在価値とは？

次に、将来の価値を現在価値にしてみます。ここでも100万円を年5％で複利運用できると仮定します（この場合、年5％分を割り引くという意味合いで「5％の割引率」といいます）。将来価値を求めた式を変えた図5－3－②の計算式にあてはめると、3年後の100万円（FV）は、現在では86万3837円（PV）となります。

豆知識 現在価値はPV、将来価値はFV

現在価値はPV（Present Value）、将来価値はFV（Future Value）と書くことがある。現在の A 円のn年後の将来価値は、利回りをrとすると、A×（$1+r)^n$。n年後の A円の現在価値は、利率をrとすると、A÷（$1+r)^n$。

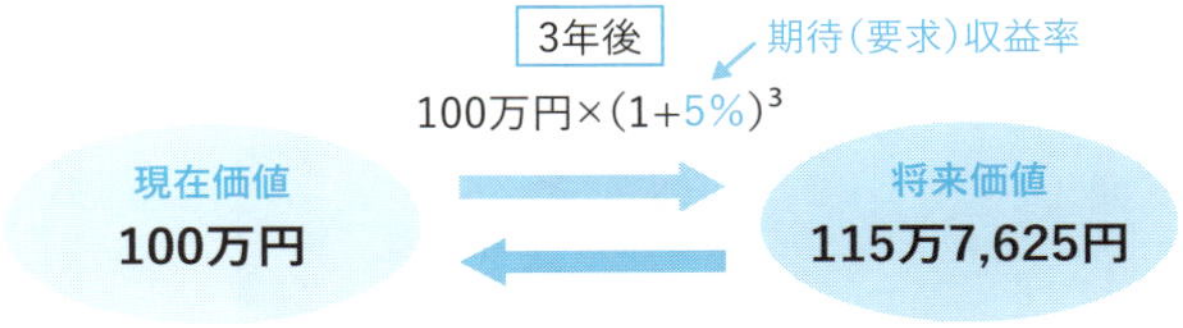

図5-3-①　現在価値から将来価値を求める

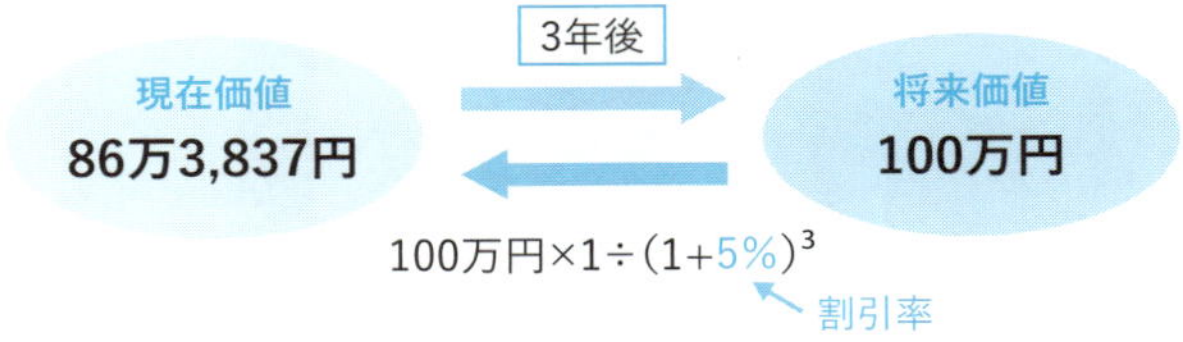

図5-3-②　将来価値から現在価値を求める

これで、現在の100万円と3年後の100万円の価値が異なることがわかりました。

●お金の時間軸を行き来してみよう

期待収益率（割引率）を設定することで、現在のお金と未来のお金を比較することができるようになりました。自己投資から金融資産まで、私たちにはたくさんの投資の機会があります。でも限りある予算の中では、一度何かを選ぶと、ほかのものを選ぶ機会を失うというトレードオフが必ずついてきます。よい機会を逃さないためには、機会費用を考慮することや、現在価値と将来価値という時間軸での比較が重要になるのです。

＊1 r＝利回り、n＝年数とする

5-4

徴税権

そもそも国債って何？

今日から役立つポイント

「国の借金の証書」ともいえる国債には、売買ができる市場もあります。国債と国債市場について知ると、すぐに資金を換金することができる国債市場の存在が、ビジネスや投資の世界でなくてはならないものであることがわかります。そして世界の金融が、よりダイナミックにイメージできるようになるでしょう。

●債券とは「借金の証書」のようなもの

5−4と5−5では2項にわたって国債について学びます。その前にそもそも債券とは何かを簡単に押さえておきましょう。債券とは、日本だけでなく世界の国や企業、また地方公共団体といった発行体が、一時的に広く一般の投資家から資金調達することを目的として発行する有価証券です。お金の貸し借りをする際には、お金と引き換えに借用証書を渡しますが、**イメ**

名称	意味	単位
利子・利息	お金を預ける際、元本に追加して受け取るお金	円、ドルなど
金利	お金を借りる際、元本に追加して支払うお金の割合	%
利率	元本に対して支払われる利子・利息に対する割合	%
利回り	複利運用の際に、利益全体の割合を一定期間あたりの平均で示したもの。何の注釈もなく「利回り」と書いてある場合、1年の利回り	%

図5-4① 利子・利息、金利、利率、利回りの違い

ージとしては、債券とは発行体が出す借金の証書のようなものです。

借金といえば利子がつきものですが、債券の利子は単利です。債券では利子をクーポンといい、その昔、債券が今のように電子化されておらず紙だったときは、まさにクーポン券のように債券についているものでした。お金が返ってくる期限日（償還日）があらかじめ決められていて、その期限を満期といいます。

ところで、私たちは日常会話で「利息」「利子」「金利」といった言葉を混在して使っていることが多いものです。一般的な分類に従って、図5－4－①で整理しておきます。

ポイントは、利子・利息は金額（単位：円、ドルなど）で、それ以外は割合（単位：%）であらわすということです。この中で、国債を理解するために必要なのは「利率」と「利回り」です。

債券は発行体によって呼び名が違い、発行体が民間企業なら「社債」、地方公共団体なら「地方債」、国なら「国債」となります。

債券価格と利回りの関係

ここからは、難しい話になりますのでイメージだけつかんでください。債券は、市場価格（時価）で途中換金することができます。債券は借金の証書のようなものですが、信用できる発行体の債券は、売りたい人と買いたい人がいれば売買が成立します。発行された債権（既発債）のマーケットも存在します。債券を買うと、利子をもらう権利もついてきます。

そうなると、損得を考えるときは、少し複雑になります。例えば、額面100円、利回り5%の債券を買ったとします。これは100円に対して5円の利子がつきます（税金は考慮しません。以下同）。しかし市場では、売りたい人と買いたい人の需要と供給で値段が決まります。額面の100円はそのままですが、市場での価格は95円に減ってしまう可能性も、105円に増える可能性もあります。

複雑になるのはここからで、いくらで売買されようとも、この債券に5円の利子がつくことは変わりません。しかし、95円と安く債権を手に入れた場合5円の利子をもらえるので、利回りは上がって5・3%になります。105円と高くなって手に入れた場合は、利回りは下がっ

豆知識　社債

企業が資金調達のために発行する債券。社債の金利は、国債の金利をベースに企業の返済能力（社債スプレッド）が上乗せされて決まる。企業の信用力が低いと社債スプレッドは大きく、信用力が高いと社債スプレッドは小さくなる。つまり、信用力の高い企業の社債は国債とほぼ同価格となる。

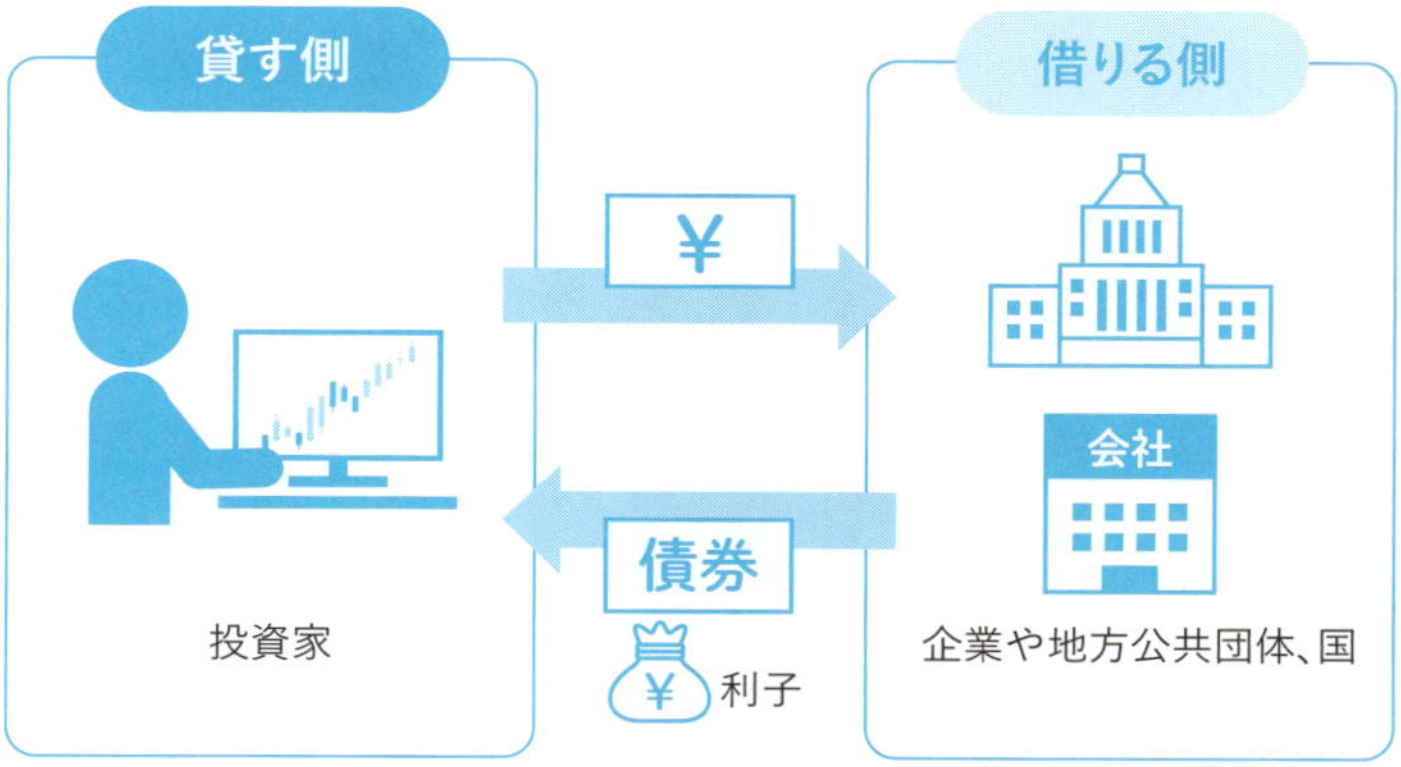

図5-4② 債券の仕組み

て4・8%になります。整理すると次のようになります。

●債券価格は上下する（95円になることも105円になることもある）
●利率は償還まで変わらない（償還までもっていれば100円が戻る）
●債券価格が下がる＝債券利回りが上がる（95円になったときは5・2%）
●債券価格が上がる＝債券利回りが下がる（105円になった場合は4・7%）

「債券価格が下がると、債券利回りは上がる」「債券価格が上がると、債券利回りは下がる」、**つまり債券価格と利回りは逆の関係にある**ことは、ぜひ覚えてください。これは、国債について考える際の大きなポイントになります。

先進国の国債は、なぜ注目されるのか？

債券の基本を押さえたところで、国債の話に入りましょう。

国債は売買ができ、国債だけの市場もあります。日本の国債の市場には現物取引と先物取引（将来の売買について、ある価格での取引を保証する取引）を合わせると8兆円くらいの規模があります。日本の株式市場は売買の成立が多い日でも約2兆円の規模ですから、**株式市場より大きなマーケットです**。

日本を含む先進国の国債は、国が破綻して債務不履行となり、0円になるリスクが低いとみなされています。そこで投資家の多くは、使い道のない資金は国債に換えて利息を得ます。もしベンチャー企業への出資など、リスクのある投資をしたくなったら、国債を売って換金するといったことができます。このように、比較的安全性が高く、流動性も高い国債のマーケットには必要性があり、世界の金融を支えているといえます。

国家には「徴税権」がある

ところで、財務省の「債務残高の国際比較（対GDP比）」によると、日本の2018年の債務残高は、GDPの236％となっています*。よくいわれるように、多すぎる国債の発行

＊出所：財務省「債務残高の国際比較（対GDP比）」
https://www.mof.go.jp/tax_policy/summary/condition/a02.htm#a05

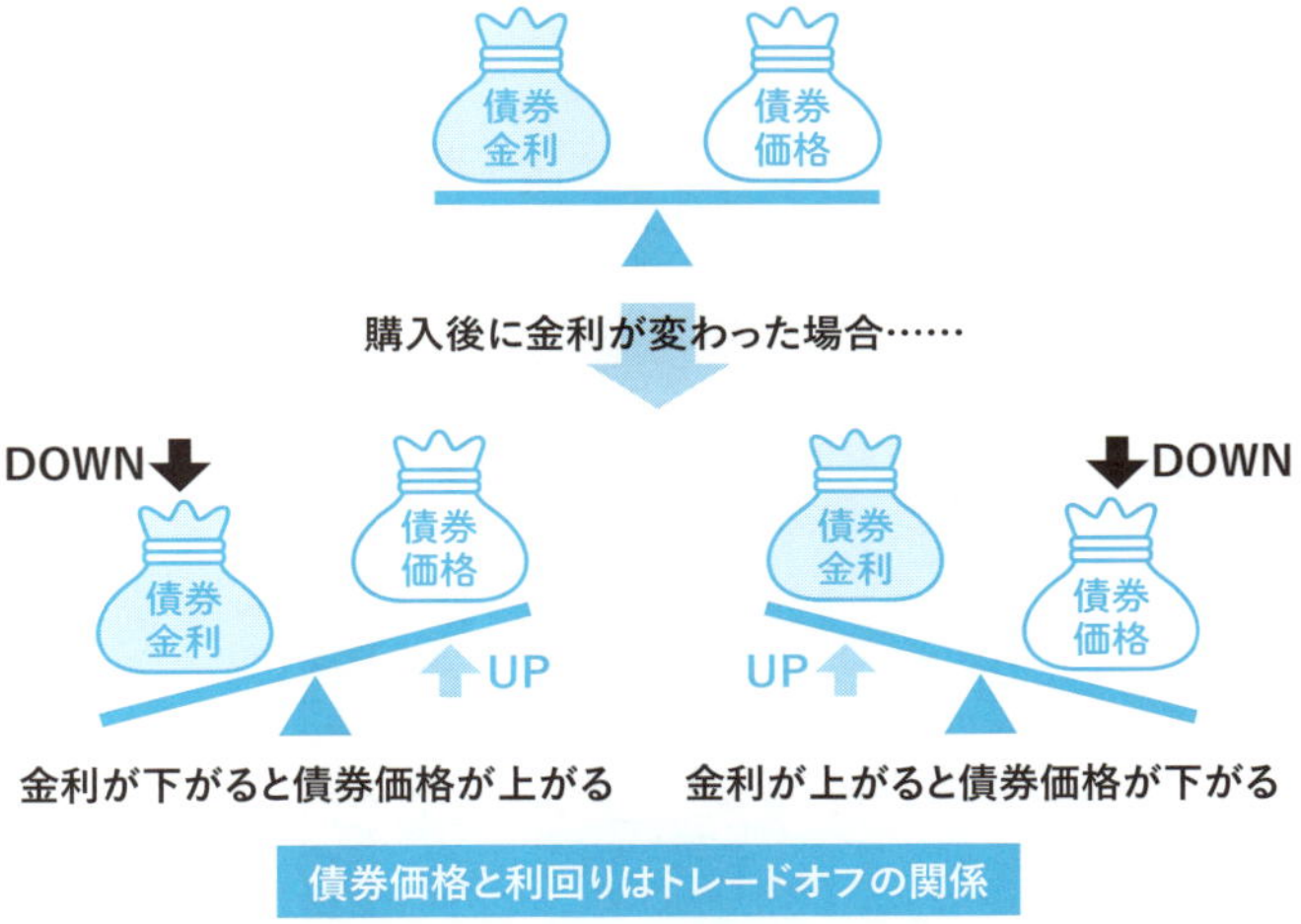

購入後に金利が変わった場合……

金利が下がると債券価格が上がる　　金利が上がると債券価格が下がる

債券価格と利回りはトレードオフの関係

図5-4-③ 債券の金利と価格の関係

は、借金を次世代に回していることになり、利息の支払いも膨大な額になります。

しかし経済学的な視点では、国には「徴税権」があり、企業や国民からの税金は毎年入ってくることを押さえなければなりません。**国の財政を一般家庭の家計にたとえて説明することがありますが、この説明は誤解を生んでいます**。国は「徴税できる」というところが、家庭とは最も異なるところなのです。

このことからファイナンス理論では、「自国通貨建ての債券では、債務不履行は起きない」と考えるのが一般的です。

5-5

国債は景気が悪いとなぜ買われるのか？

景気のバロメーター

今日から役立つポイント

5－4で、債券の価格と利回りがトレードオフであることを学びました。景気が悪いと国債は買われるようになり、国債価格が上がると利回りが下がります。「景気がいいときは国債の利回りが高い」というマクロの視点をもつと、経済ニュースがもっと理解できるようになるでしょう。

●国債の利回り、価格から景気を読み解く

景気の低迷、テロや経済危機が起きるなどして政治、**経済の先行きが不透明になったとき、世界のマネーは国債に向かいます**。よく「安全資産としての国債」といわれますが、5－4で見たように、国には徴税権もあるため、投資対象としての選択肢の中でとりあえず信用力が高い国債を資金の逃避先にしようという判断が働くためです。

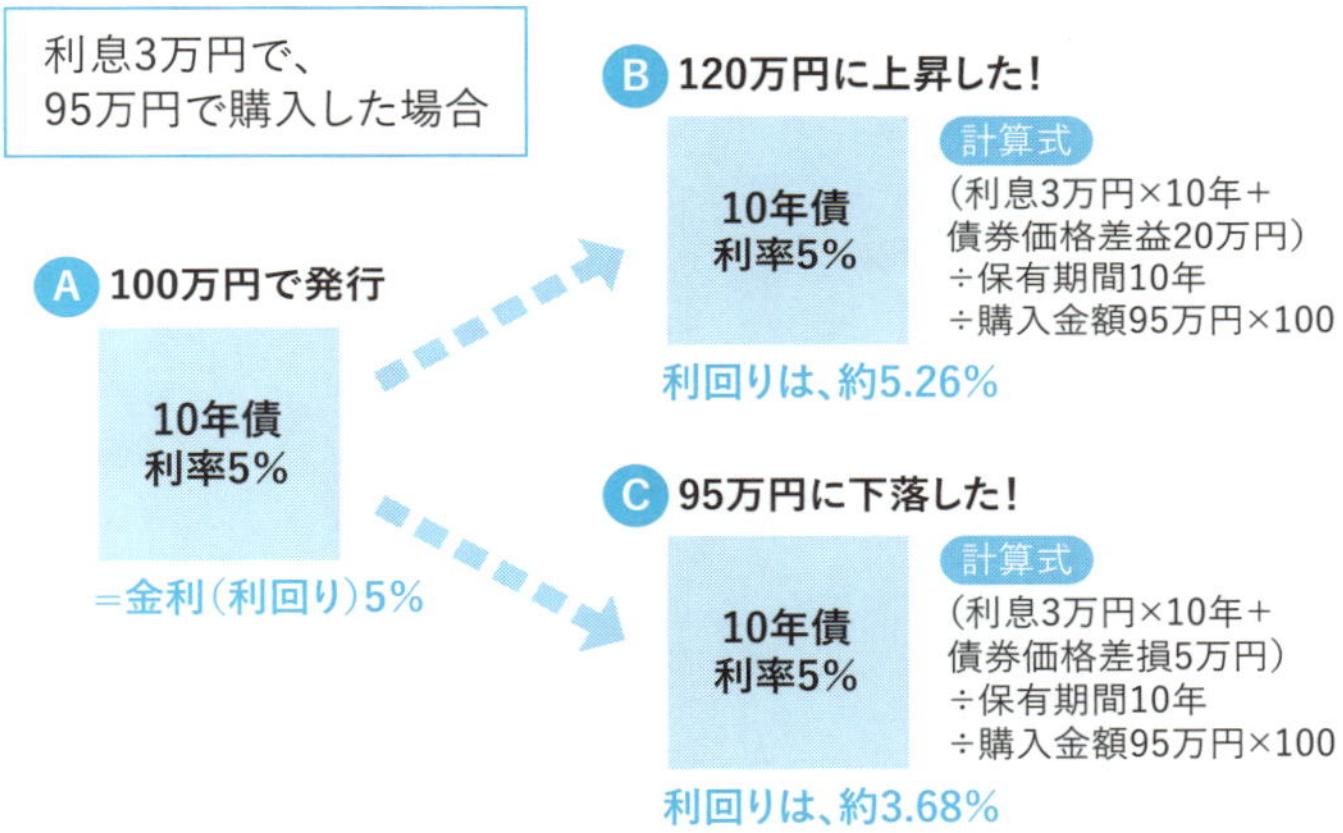

図5-5　100万円の10年物国債の利回りは?

人気が集中すれば需要と供給の関係で国債の価格が上がり、利回りは下がることになります。つまり、国債価格が上がって利回りが下がるのは、景気後退のサインです。

逆に、国債の利回りが上がっているときは、投資家は国債を売って、高いリターンを狙って、もっとリスクの高い投資にお金を動かしているということです。毎日のニュースで日本国債やアメリカ国債の利回りが上がっていたら、「景気がいい」と判断できます。

ちなみに国債には短期から長期まで、さまざまな種類がありますが、**チェックすべきは、10年物国債の金利であり、代表的な指標とされています**。10年物国債は、5-3で学んだ、現在の投資家が判断する10年先の「将来価値」の予測動向を示しています。

豆知識 10年物国債

日本銀行による日本の金利指標としては、直近に募集された10年物国債の利回りが使われている。

5-6

そもそも株式って何？

株主の権利

今日から役立つポイント

日経平均株価の上昇や下落が大きく報じられるように、株式市場の動向は経済にとって重要です。ところで株価はどう決まるのでしょう？　重要な答えの1つには、5-3で学んだ「将来価値」が関係してきます。すらすらと説明できるようになれば、あなたは「経済に強い人」として一目置かれることは間違いありません。

●企業の株主になると経営に参加できる

5－6と5－7では、株式について学んでいきます。起業してお金を集めるには、銀行からお金を借りる方法以外に、株式会社として「株式」を発行し、投資家に買ってもらう方法があります。銀行から借金をすれば会計上は負債となり、返済しなければなりませんが、株式に投資されたお金は資本となり、返済の必要はありません。ただ、株主には次の3つの権利を与えることになります。

①議決権　株主総会に参加して議決に加わる権利
②利益配当請求権　配当金などの利益分配を受け取る権利
③残余財産分配請求権　会社の解散時に、残った会社の資産を分配して受け取る権利

株式会社は、多くの人に多くの株を買ってもらうことで成長します。そのため、経営者や従業員などの限られた株主だけではなく、**あらゆる投資家に広げて資金調達するために、「株式公開（IPO、Initial Public Offering）」を目指す企業も出てきます**。IPOとは、株式を売ったり買ったりする場所である証券取引所で、発行した自社の株式を一般の投資家に公開する（上場する）ことを指します。上場のためには、各証券取引所が定める基準を満たす必要があり、IPOによって、証券取引所の厳しい基準をクリアした企業として信用度が上がるというメリットも考えられます。

●市場全体を示す株価指数

ところで、ニュースでよく見聞きする日経平均株価、トピックスとは何でしょうか？　これらは証券取引所全体や特定の株式のグループ（銘柄群）の株価の動きをあらわすものです。たくさんの指数がありますが、日本で代表的なものは日経平均株価（日経平均、日経225）と

東証株価指数（トピックス、ＴＯＰＩＸ）の２つです。

株価とは「将来得られるキャッシュフローの現在価値」

投資家は、自分が買った株価より高く売るか、配当金をもらうかのどちらかでしか利益を得ることができません。配当金が出るかどうかは企業の業績次第です。

では、株価はどうやって決まるのでしょう？「需要と供給の関係」「株価は景気をあらわす」「企業への期待で株価は上がる」など、いろいろなことがいわれています。どれも正しいのですが、理論的には、株価は将来得られるキャッシュフローを現在価値にしたものです。つまり、何通りもの未来が想定される中で、**将来的に伸びてキャッシュを得られる企業に違いない、という期待が現在価値としてあらわれたのが、株価**というわけです。

「期待」というと抽象的ですが、株価の上がる企業は、よいビジネスモデルをもち、「いつまでに利益を出す」というビジョンの共有も上手です。だから投資家は、たとえ今は赤字でも、その企業に投資するのです。この理論から、あなたがよい投資家に、あるいはよい起業家になるヒントが見えたのではないでしょうか。

豆知識 今は赤字でも、その企業に投資する

かつてのアマゾンは利益を配当に回さず、積極的な投資を行うことで有名だったが、株価は順調に上昇した。このように、今後のビジネスの伸びに期待が集まる企業の株価は、現在は赤字決算でも買われることが多い。

株式とは?

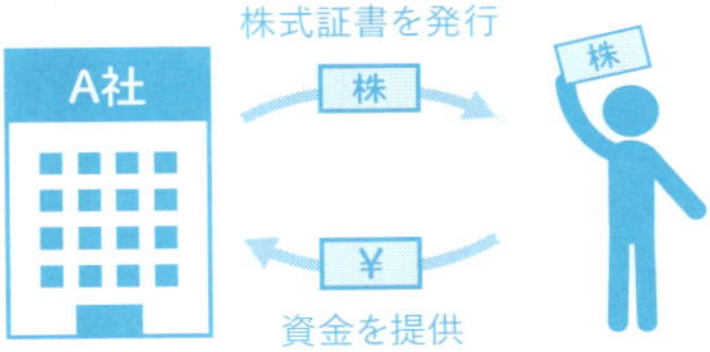

株式とは、企業が資金を集めるために発行する証書のこと。株主は、個人オーナーとして経営関与や配当をもらう権利を得て、企業の成長に応じた利益を得られる

上場とは?

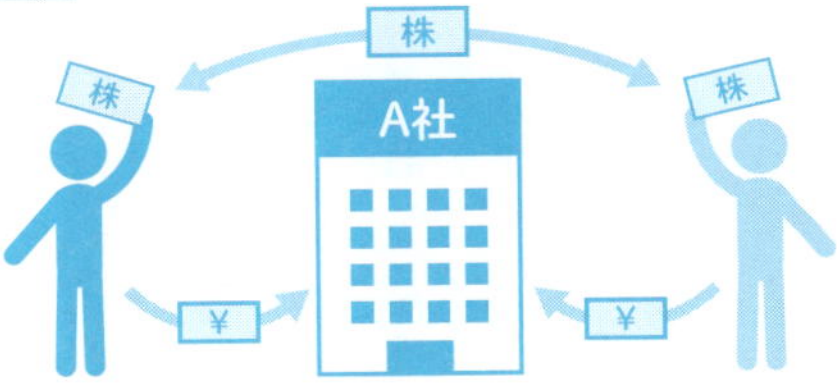

企業が自社の株式を証券取引所で公開(株式上場)することで、一般の投資家は株式を自由に売買できる

メリット 上場により社会的信用が上がり、誰でも株式を買えるので、資金集めが容易になるなどがある。

デメリット 上場機能コストが高いなど。

※日本の株式指数の一例として、日経平均株価やTOPIXなどがある。

図5-6　株式の仕組み

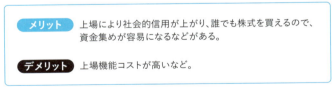

5-7 株で儲けるためには？

効率的市場仮説

今日から役立つポイント

5－6で、株価は、理論的には「将来得られるキャッシュフローを現在価値にしたもの」と学びました。でも株価は新しい情報で上下することもあります。効率的市場仮説と、実証研究の結果を知ると、あなたが株式投資をする際に、地道な方法でも利益が上げられる可能性があることがわかるでしょう。

●必ずしも効率的市場仮説の通りにはならない

効率的市場仮説とは、簡単にいうと、株価に影響を与えそうな情報は、すみやかに正しく株価に反映されるという考え方です。ここでは株価に影響を与えそうな情報を、①過去の情報、②誰もが利用できる公開情報、③非公開情報に分類します。

今までは、図5－7のパターン1が正しいとされてきました。つまり、投資家が過去のデー

パターン1　**弱度の効率性**

過去の情報は全て株価に反映される

例　過去の株価を分析して投資しても儲からない

パターン2　**準強度の効率性**

誰もが利用できる公開情報は株価に反映される

例　財務情報などを分析して投資しても儲からない

パターン3　**強度の効率性**

誰もが利用できる公開情報と非公開情報を含めた過去の情報は全て株価に反映される

例　インサイダー情報を使って投資しても儲からない

図5-7　効率的市場仮説の3分類

タを分析して未来の価格を予測するのは不可能で、専門家による運用でも、市場平均より儲けるのは厳しいということになります。**世界の経済学者の一部の研究によると、必ずしも効率的市場仮説の通りにならないこともわかってきました。**

確かに、決算がよい企業の株価がなぜか決算発表の当日にはさえない動きで「株価織り込み済み」の状態と判断される、また企業不祥事や決算が悪いなどの理由で売られた株式が突然上がって「悪材料出尽くし」の状態と判断されるなど、株価には不思議な面も多々あります。

ビジネスモデル検証や財務分析などの、いわゆる銘柄分析による公開情報でも十分に利益を上げることができる可能性があると、多数の実証研究で報告されています。

豆知識　**株価織り込み済み**

株価に影響のある要因がすでに株価に織り込まれて（反映されて）いるため、新たなニュースが出ても、株価が反応しなかった場合を指す。

5-8

為替が一番難しい

金利平価説

今日から役立つポイント

私たちに関係ないと思ってしまう円高や円安ですが、実は原材料価格などにも影響します。為替予測の仕方を学ぶと、ニュースなどで語られる円高や円安の理由が仮定にしかすぎないことがわかります。また、金利平価説を学ぶと、高金利のときでも外貨投資を行うことに慎重になれるでしょう。

●なぜ為替取引が必要？

ここまで、国債市場や株式市場の動向が、景気のよしあしと関連していることを学んできました。では為替はどうでしょう？　まず、基本からおさらいしていきます。

国際的な取引では、異なる通貨（外貨）で決済する方法である外国為替が欠かせません。**スムーズな取引のために外国為替市場と為替レート（外貨との交換比率）が設けられています**。

例えば、昨日は1ドル100円だったのに、今日は1ドル120円になっていたら、円を昨日よりも多く支払わなければドルが買えないので、円安と呼びます。反対に、昨日は1ドル100円だったのに、今日は1ドル90円で買えるなら、円高と呼びます。

●「円高だから好景気」とは限らない

為替相場は何によって決まるのでしょう？　シンプルに考えれば、国と国との商取引による需要と供給のバランスで決まりそうです。ところが実は、為替には経済理論が非常にあてはまりづらいといわれています。為替レートに影響を与える要素が多すぎるのです。

1つ大切なことは、「円が買われている」すなわち円高になると、私たちは何となく「円に人気があるので日本は景気がいいのかな」と思ってしまいますが、**円高は日本の景気の良さとは関係がない場合も多い**ということです。

よくニュースで「金利上昇が好感され、円が買われて円高になった」といった解説がなされることがありますが、「金利上昇が好感され」の部分は仮説にしかすぎません。北朝鮮がミサイルを発射して世界に緊張が走っていたときも、ミサイルの射程圏内に入っている日本の為替相場がなぜか円高になることがありました。このように、為替相場は不思議な動きをすることがあります。

円高や円安で確かなのは、日本で「円」を使って生活している私たちの資産の価値が海外通貨に対して相対的に増え、円安では目減りしているということくらいです。

高金利通貨への投資は本当にオトク？

超低金利に慣れているせいか、私たちは高金利の外貨投資に魅力を感じます。日本の個人投資家は、「ミセスワタナベ」という俗称で呼ばれるほど、為替マーケットでも注目を集めています。そんな気持ちにブレーキをかける理論が、金利平価説です。

金利平価説は、簡単にいうと「どの通貨で運用しても収益率は同じになる」というものです。世界中の投資家は、より儲けるために世界中の高金利の通貨で資産運用をします。しかし結局為替レートで運用益が調整され、最終的な利益は均一にされてしまいます。必ずしも理論通りに相場が動くわけではありませんが、金利が高いから魅力的な通貨というわけではない、ということは覚えておきましょう。つまり、高金利をうたう外貨の金融商品を選んでも確実に儲かるわけではないのです。

金利平価説を考えると、外貨への投資はする必要はないと考える人も出てきそうです。ただし、自覚はなくても日本に住む私たちは「日本のリスク」を背負っているはずです。リスク分散のために海外投資も選択肢の1つとして押さえておきたいものです。

豆知識 ミセスワタナベ

日本の個人投資家に対して、欧米の報道機関が名付けた俗称。1人あたりの取引量は多くないものの、総合的な取引は多くなるため無視できない存在となっている。

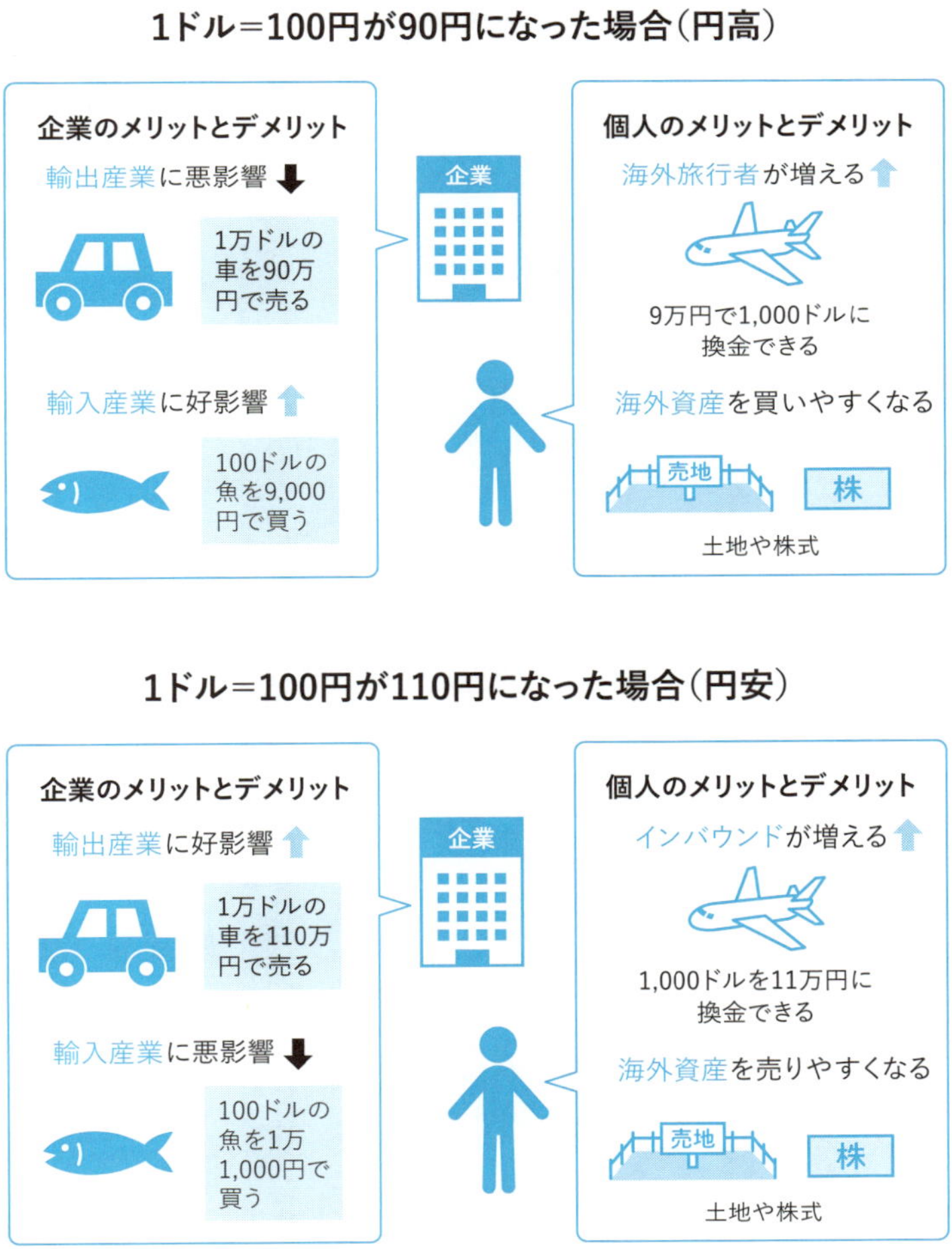
1ドル＝100円が90円になった場合（円高）
企業のメリットとデメリット
輸出産業に悪影響
1万ドルの車を90万円で売る
輸入産業に好影響
100ドルの魚を9,000円で買う
企業
個人のメリットとデメリット
海外旅行者が増える
9万円で1,000ドルに換金できる
海外資産を買いやすくなる
売地
株
土地や株式
1ドル＝100円が110円になった場合（円安）
企業のメリットとデメリット
輸出産業に好影響
1万ドルの車を110万円で売る
輸入産業に悪影響
100ドルの魚を1万1,000円で買う
企業
個人のメリットとデメリット
インバウンドが増える
1,000ドルを11万円に換金できる
海外資産を売りやすくなる
売地
株
土地や株式

図5-8　円安と円高とは?

5-9

ブロックチェーン

暗号資産（仮想通貨）はお金なの？

今日から役立つポイント

２０１９年5月に、仮想通貨は暗号資産（Crypto-Asset）と名前が変更されることになりました。いわゆるバブルは去りましたが、それを支えるブロックチェーン技術は、今やさまざまなサービスの基本になっています。たとえ暗号資産取引に興味がなくても、お金の定義やブロックチェーンについて知ると、今後の暗号資産の活用法が見えてくるかもしれません。

●暗号資産は通貨といえるのか？

２０１７年の「仮想通貨」ブームを覚えているでしょうか？　それまでも一部の人々の間で人気でしたが、ブームに火をつけたのは、同年４月の法改正によって、暗号資産が「支払い手段の１つ（財産的価値をもつ）」と定義されたことです。それまで仮想通貨の取引では消費税納税が求められていました。つまり「もの」として捉えられていたのです。しかし法律によって決済手段として認められ、消費税納税の義務はなくなりました。

それでは、暗号資産は通貨といえるのでしょうか？　実は、専門家の意見は割れています。図5－9－①で示しているように、**通貨としてみなされるためには3つの条件がありますが、暗号資産は必ずしもそれを満たしません。そこで通貨ではなく、むしろ証券に近いのではないかという議論が起きています。**

●暗号資産以外でも活用されるブロックチェーン

暗号資産を支えているのはブロックチェーンという仕組みです。図5－9－②で示しているように、ブロックチェーンでは、取引の履歴データを従来のように金融機関など1カ所で管理するのではなく、多くの場所で同じデータベースを保持しながら管理しています。取引の履歴データを記録した「台帳」を共有することで、参加者全員のコンピューターに同じ情報を分散的に管理していることから、「分散型台帳」とも呼ばれます。

取引データはいくつかのまとまりでブロックに分けて記録され、時系列順にチェーン状につながれます。このとき、ブロック同士のつながりを示す「ハッシュ値」を組み込んでつなぎ、まるで鎖のかたちのように次々と連ねることから、ブロックチェーンと名付けられました。

この仕組みは、ビットコインの考案者である「サトシ・ナカモト」の論文がベースになっています。データ改ざんは困難といわれ、ブロックチェーン技術はさまざまな分野で活用が始まっています。

責任の所在の範囲が非常にあいまい

ブロックチェーンには特定の管理者がいません。これを知ると、暗号資産と円やドルなどの法定通貨との大きな違いがわかってきます。電子マネーやICカード乗車券は、法定通貨をチャージ（入金）して使うため、通貨の一種です。

通貨には国家や中央銀行という発行者がいます。そうした存在がいない暗号資産は、自由な反面、責任の所在の範囲が非常にあいまいになります。

暗号資産は通貨か証券か？　という議論は「暗号資産でしかない」という3つ目の考えも存在します。こうした見解の違いは、カテゴリー分けの問題だけではなく、暗号資産をどんな法律で規制すべきかにも大きく影響します。どこに含まれるのかを決めないと、議論をスタートできないのです。投資家として関わる際には自己責任が問われる場面がまだ多いといえるでしょう。

豆知識　さまざまな分野で活用

ブロックチェーンの特徴である「改ざんが難しい」ことを利用して、金融をはじめさまざまな分野で活用が進んでいる。例えば、医療情報の管理、食品の栽培や飼育から流通までの過程を明確にするトレーサビリティ、音楽やアート作品といった著作権管理などだ。

お金の条件	法定通貨（円やドルなど）	暗号資産（例：ビットコイン）
1. 価値の保存機能 	お金の名目価値は変化せず、もっていれば価値がある	ボラティリティ（変動幅）が高く、価値が乱高下することがある
2. 交換機能（決済機能） 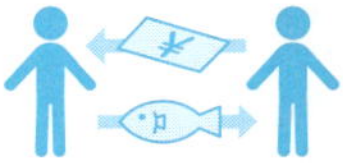	もの同士の交換を媒介する	使えるお店はまだ少ない
3. 価値の尺度機能 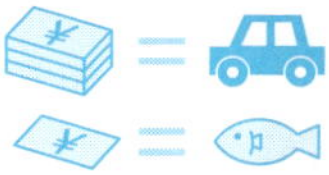	価値を決める物差しとしての役割	1.と同じく、価値が乱高下することがある

＊「一般社団法人　全国銀行協会」を参照　URL：https://www.zenginkyo.or.jp/article/tag-g/5228/

図5-9-①　法定通貨と暗号資産の比較

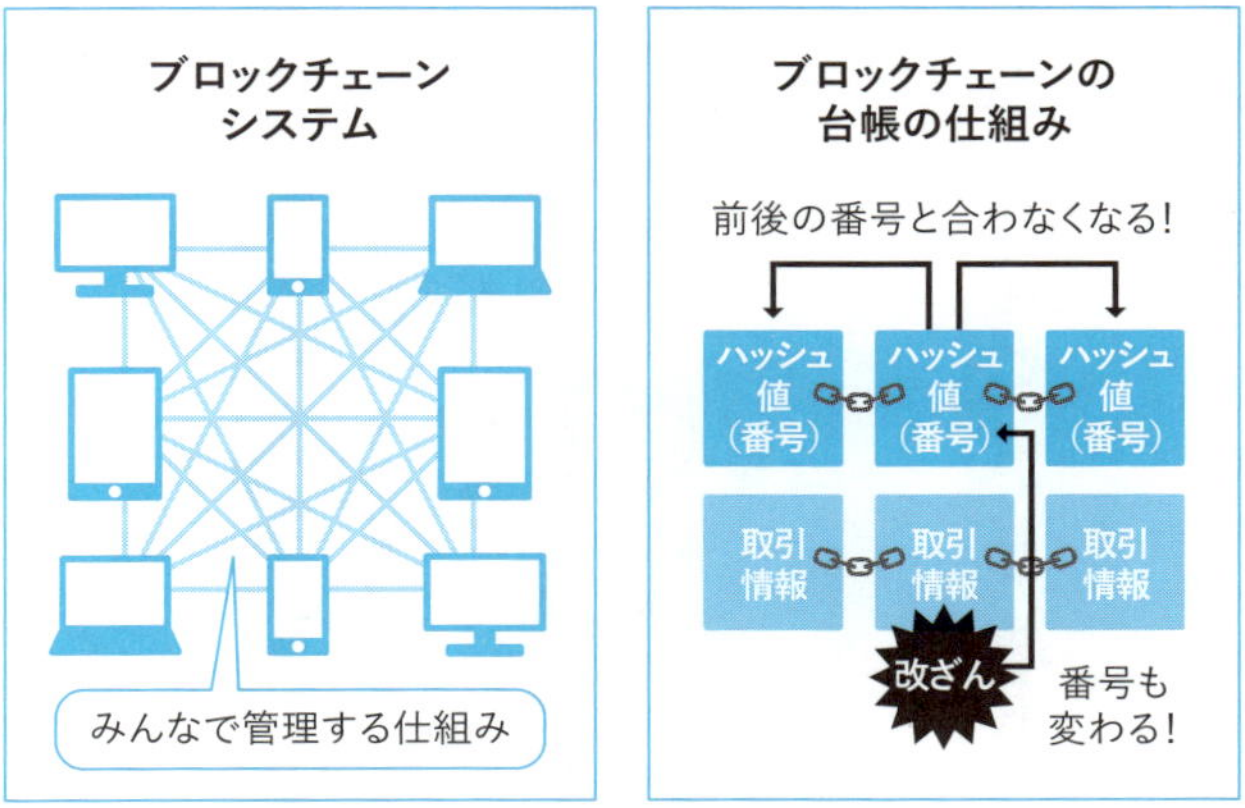

＊「一般社団法人　全国銀行協会」を参照　URL：https://www.zenginkyo.or.jp/article/tag-g/9798/

図5-9-②　ブロックチェーンを改ざんしにくい仕組み

5-10

新しい資金調達の手段

ICO

今日から役立つポイント

企業の資金調達の方法の1つとして暗号資産を発行するICO（Initial Coin Offering）は、新規株式上場するIPOと一見、よく似た仕組みです。しかしIPOとICOの違いを知ると、ICOの方がより玉石混交であることが推測でき、投資する際には慎重になれるでしょう。

ICOとIPOは何が違うの？

ICOとは、企業や事業プロジェクトが「トークン」や「コイン」と呼ばれる独自の暗号通貨を発行し、投資家が購入する資金調達の方法です。企業はICOで資金を得て、投資家はその暗号通貨の価値が上がれば利益が得られます。この仕組みは、株式会社が証券取引所に新規上場するIPOと似ています。株主になれば配当を得る、経営に参加できるという権利が得ら

豆知識 ICO

ICO投資をビットコインベースで見たとき、80%以上のICOはビットコインに対する相対的な価値が低下し、一部が大変よいパフォーマンスを上げている。ICO投資の結果には大きなばらつきがあることを示している。

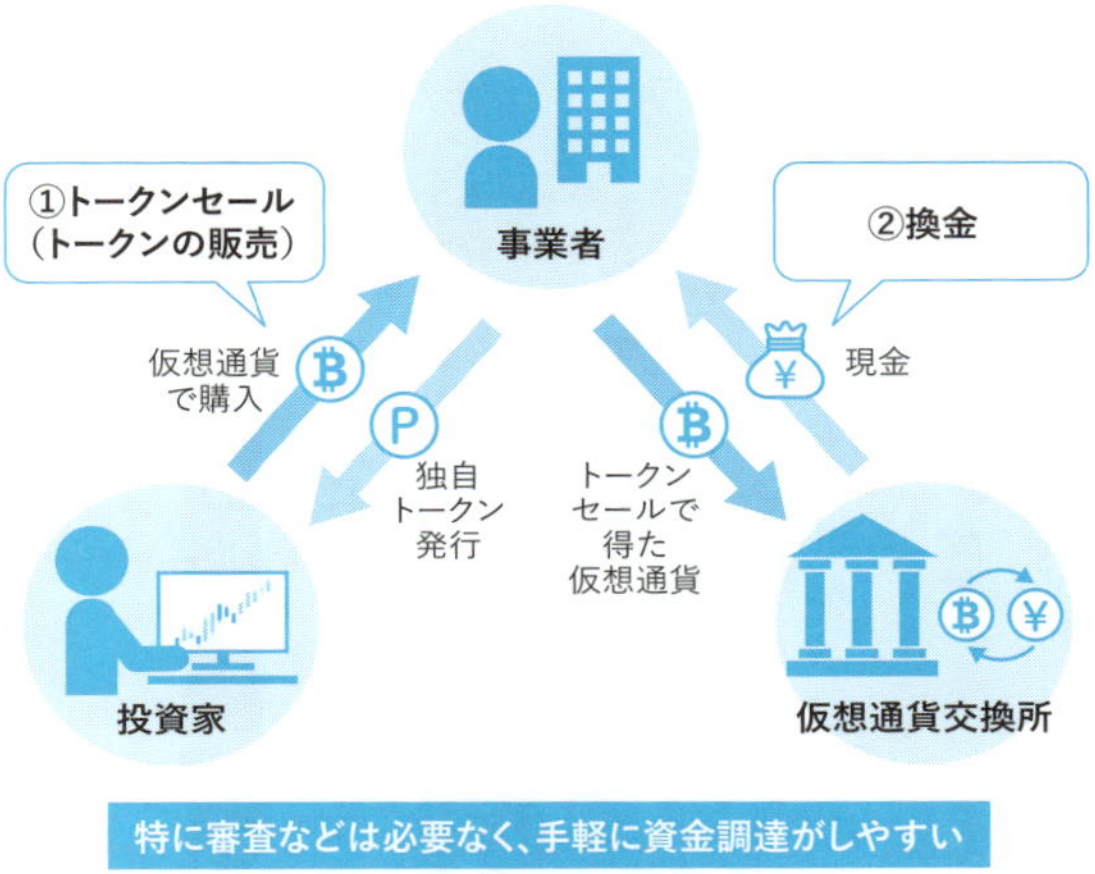

図5-10　ICOの仕組み

れますが、ＩＣＯでも経営権や配当にあたるものを付与される場合があります。暗号資産が「証券か否か」については、ＳＥＣ（Securities and Exchange Commission：米証券取引委員会）の見解も注目されています。

投資家の立場としては、留意したい点もあります。ＩＰＯは、上場する際に取引所などの厳しい審査が必要になります。

一方で**ＩＣＯは、比較的手軽に資金調達ができる点に特徴があります**。あえてＩＣＯを選んでいる企業やプロジェクトもあれば、金融機関から借り入れることが厳しいからＩＣＯを選んでいる企業やプロジェクトもあるかもしれません。ＩＰＯを騙る詐欺も存在していいます。投資する際には慎重になりましょう。

5-11 コインチェック事件の反省

仮想通貨取引所と証券取引所

今日から役立つポイント

2018年に起きた、コインチェックの暗号資産の流出事件は大きな社会問題にもなりました。暗号資産への投資については、暗号資産そのもののリスクに加えて、5-9で見た法律の未整備、さらには仮想通貨取引所についてもリスクがあることを知っておきましょう。

●仮想通貨取引所と証券取引所の違い

2018年1月、暗号資産の取引所を運営するコインチェックから、不正アクセスによって約580億円分の暗号資産NEM（ネム）が流出しました。その原因として、セキュリティ管理の不備が指摘されました。

私たちは取引所というと、ニュース映像などでよく見る東京証券取引所のような株式の売買を

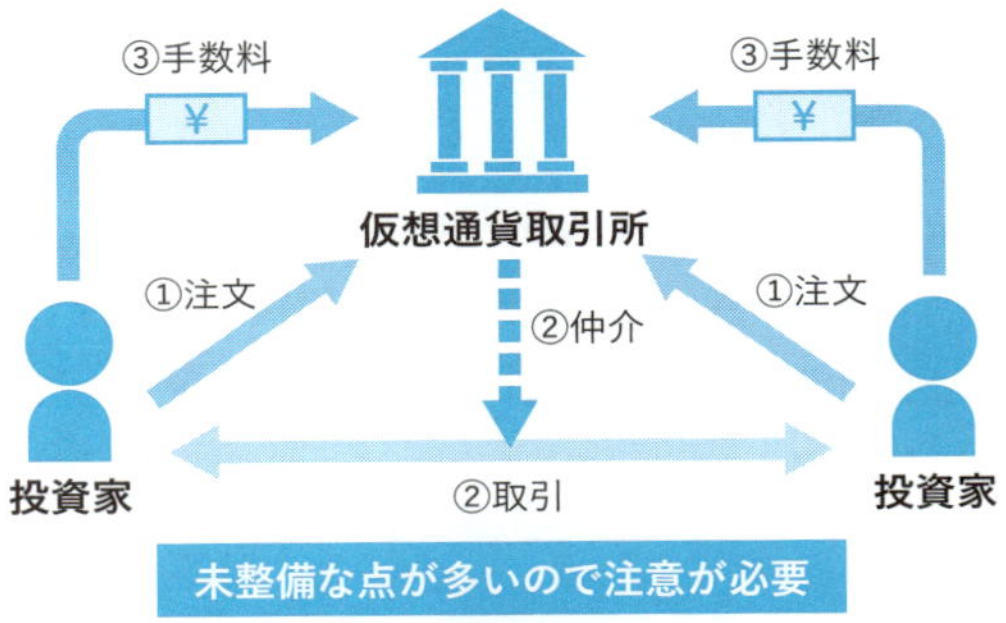

図5-11 仮想通貨取引所の仕組み（一例）

思い浮かべます。しかし、証券取引所は法の下で守られており、さまざまな規制もあります。そもそも、株式市場は、厳しい基準をクリアして上場した一定の評価のある会社の株式を取り扱っています。今では、オンライントレードやインターネット専業の証券会社などの登場で、手数料も安価になりました。**株式投資には価格変動などのリスクはありますが、投資環境そのものは洗練されています。**

それに対して、仮想通貨の取引所（交換業者）は、日本では金融庁・財務局の登録を受けた事業者のみが行うことができますが、私設取引所です。仮想通貨はそもそもどこかが信用を集中的に担保しているといったものではなく、流通量もまだ少なく、その上、私設取引所の中での取引量の少なさから、なかなか売買が成立しないこともあります。このように、**暗号資産の取引には未整備な点が多いことも押さえておきましょう。**

豆知識　金融庁・財務局の登録を受けた事業者のみ
2017年4月1日から、国内で暗号資産（仮想通貨）と法定通貨との交換サービスを行うには、仮想通貨交換業の登録が必要となっている。業者の一覧は金融庁より発表されている（https://www.fsa.go.jp/menkyo/menkyoj/kasoutuka.pdf）。

5章

演習問題

人生100年時代に備えた資産形成は欠かせません。運用益や配当金が非課税になる、拠出した資金が所得控除されるなど、税金の面で有利になる制度がいくつか設けられています。知っているものを挙げてみましょう。

解答欄

解答例

- NISA（ニーサ、少額投資非課税制度）「NISA口座（非課税口座）」内で、金融商品から得られる利益が非課税になる「NISA」、少額からの長期・積立・分散投資を支援する「つみたてNISA」、未成年者（0～19歳）を対象にした「ジュニアNISA」がある。
- iDeCo（イデコ、個人型確定拠出年金）公的年金に上乗せして、自分でつくる年金制度。毎月一定額の掛金を拠出して金融商品で自ら運用し、60歳以降に年金または一時金で受け取る。掛金は全額「所得控除」の対象で、運用益は非課税。受給時は「公的年金等控除」「退職所得控除」の対象になる。
- 小規模企業共済　フリーランス、小規模企業の経営者や役員のための「退職金制度」。掛金が全額所得控除できるなどの税制メリットがあり、事業資金の借り入れもできる。

※上記は2019年現在の制度にもとづいています。最新の制度は金融庁のウェブサイトなどをご覧ください。

6
章

人工知能と経済の未来

6-1

なぜGAFAは経済学者を大量に採用しているのか？

データ分析の欠点

今日から役立つポイント

人工知能（AI）分析はビジネスにも応用されています。経済学者が巨大デジタル系企業に採用され、取り組んでいることを知ると、データ分析の重要性を知ることができます。また自分が担当者として専門家に調査を依頼するとき、具体的にどう発注したらより適切な調査を行ってもらえるかのヒントにもなるでしょう。

●巨大デジタル系企業に経済学者が必要な理由

近年の「人工知能（AI：Artificial Intelligence）ブーム」が起こっているのには、３つの理由があると私は考えます。

① モノがインターネットにつながるIoTでデータをとりやすい環境の整備

②データ解析技術が進化し、その技術者や研究者がいること
③データ解析の「仮説設計」をする研究者がいること

この中の③で、経済学者の活躍が増えています。4－1で学んだように、統計学者だけでなく経済学者が必要とされている背景があります。**現在、アメリカを中心にデジタル系企業が競って優秀な経済学者を獲得しようとしています。**

例えば、アマゾンはすでに150人を上回る経済学の博士号（Ph.D.）をもつ人材を雇用しています。そうした人材は、ユーザーのレビューに関連した設計の選択から、アマゾンで取り扱う商品需要の推定など、多岐にわたる業務を担当しています。またアマゾンだけでなく、巨大企業から小規模な企業まで、多くのデジタル系企業が経済学のPh.D.による大規模なチームをつくっているといいます。

●「因果・相関関係」と「インセンティブ」がカギ

経済学者が人気を集める理由は2つあります。1つ目は、因果関係をめぐる問題です。4－2でも学んだように、AとBに「関連がある」だけの相関関係が、「Aが起きる⇒Bが起きる」という因果関係と誤って解釈されている例は多くあるからです。RCT（ランダム化比較試験）など従来の方法でも調査を行えますが、ITの世界はデータが豊富で、実験を行うこと

豆知識　RCT（ランダム化比較試験）

RCTとはランダム化比較試験（Randomized Controlled Trial）の略称で、いわゆる「ABテスト」を指す。例えば、同じ属性の顧客をAとBに分け、Aには積極的に広告を打ち、Bには行わず、広告の純粋な因果関係を探るなどの方法がある。

もできます。例えば、ネットオークションのイーベイ（eBay）は、グーグル上に広告を出すべきかどうか広告分析をしたところ、広告と通常の検索で同じ人数が集まっていることが判明し、イーベイはグーグル上に出していた広告で数百万ドルを無駄にしていたとわかりました*。

2つ目の理由は、経済学者は市場とインセンティブの設計について長年検討してきているため、その成果がデジタル経済で新たに応用できる点です。市場の設計に経済理論を取り入れると、損益に大きな影響を及ぼすことができることが証明されています。例えば、ヤフーでの最低落札価格を微調整する実験によって、同社が利益を数百万ドルも増やすのに貢献したという実験結果もあります。

ＡＩによってデータ解析はできるものの、それが本当に企業の狙った効果を上げているのかを検証するには、統計だけでなく、因果関係やインセンティブといった、経済学者による分析も必要になってきているのです。

デジタル系企業に採用される経済学者が増えていることは、研究でも裏付けられています。ＩＴによるプラットフォームが、新しい市場や情報を取得するための方法を生み出すにつれて、プラットフォーム設計、戦略、価格設定やポリシーの問題に取り組むことなどで、経済学者はデジタル系企業で中心的な役割を果たすようになってきています。過去5年間で、何百人もの経済学のPh.D.をもつ人材がテクノロジー分野のポジションを受け入れてきたといいます。

＊出所：DIAMOND ハーバード・ビジネス・レビュー（2019年4月3日）「IT企業はなぜ経済学者を積極的に雇い始めたのか」（https://www.dhbr.net/articles/-/5828?page=2）

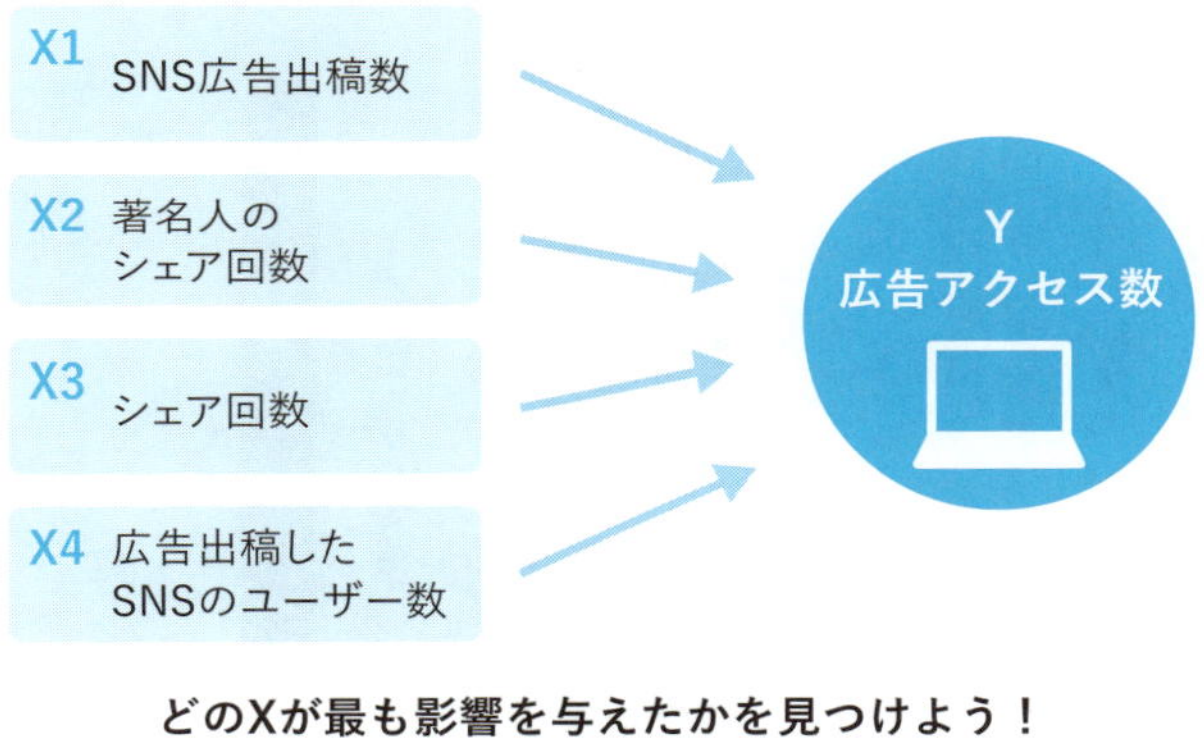

図6-1 回帰分析

●分析依頼ではコミュニケーションが重要

ところで、私は企業が分析の専門家に依頼する際は、コミュニケーションが大切だと感じています。「何が影響して広告のアクセス数が伸びたか調べてください」という漠然とした伝え方でなく、「どの影響が一番、どのように効いていたのかが知りたい」といった具体的な依頼です。専門家は、業界にはそれほど詳しくない人もいますから、仕事でデータ分析を依頼する際は、なるべくイメージを共有して、重視したいことをきちんと伝えることが大切です。

6-2

そもそもAIとは何か？

ダートマス会議

今日から役立つポイント

「AI」は1956年、パソコンすらない時代に生まれた言葉です。AIの定義はあいまいで、「人工知能で解決する」といっても、眉唾ものであることが多いという指摘もあります。その歴史を知ると、AIをいたずらに恐れる必要はなく、人間が使うツールであることがわかるでしょう。

1950～60年代「第1次AIブーム」

「人工知能」という言葉は、1956年のダートマス会議で生まれました。人工知能の歴史には、過去に2回の「ブーム」があります。その流れを振り返ってみましょう。

第1次人工知能（AI）ブームは、1950～60年代です。ブームの要因はコンピューターによる「推論」や「探索」が可能となり、特定の問題に対して解を提示できるようになったこ

豆知識　ダートマス会議

初期の人工知能研究の第一人者であるアメリカの計算機科学者・認知科学者のジョン・マッカーシーが大学在学中の1956年に主催した会議。会議内の提案書で「人工知能（Artificial Intelligence）」という用語が初めて使われたとされている。

とによります。しかし、**さまざまな要因が絡み合っているような現実社会の課題を解くことはできないことが明らかになり、ブームは下火**になります。

1980年代「第2次AIブーム」

1980年代、第2次AIブームが訪れます。コンピューターが推論するために必要なさまざまな情報を、コンピューターが認識できるかたちで記述した「知識」を与えることでAIが実用可能な水準に達し、日本では、政府による大型プロジェクト「第五世代コンピュータ」が推進されました。ところが当時は、コンピューターが必要な情報を自ら収集して蓄積することはできなかったため、必要となる全ての情報は、人がコンピューターにとって理解可能なように内容を記述する必要がありました。**知識量は特定の領域の情報などに限定しなければならないといった限界から、1995年頃から再び、ブームは下火**になります。

2000年代～「第3次AIブーム」

2000年代から現在まで続いているのが、第3次AIブームです。まず大量のデータ、「ビッグデータ」によってAI自身が知識を獲得する「機械学習」が実用化されました。さらに知識を定義する要素をAI自らが習得する「ディープラーニング」が登場しました。

●「人工知能」を見たことがある人はいない

今までの2度のブームは、社会が人工知能ＡＩに対して期待する水準が大きすぎて、実際にＡＩが実現できる技術との差が明らかになることでブームは終わっています。

人工知能、ＡＩという言葉については「あいまいさ」「ゆらぎ」が指摘されています*。ＡＩは、大まかには「知的な機械、特に、知的なコンピュータープログラムをつくる科学と技術」と説明されているものの、その定義は研究者によって異なっている状況です。また、そもそも「知性」や「知能」自体の定義が難しいことから、「人工的な知能」を定義することも困難といわれます。

技術的にも、すでに多くの人が同意するＡＩはまだつくられているとはいえない、つまり本当にＡＩを見たことのある人は誰もいません。さらに、時代とともにＡＩに含まれる内容は変遷しています。例えば、今ではＡＩ分野の代表として語られる自然言語処理、音声認識、画像認識、機械学習は、かつてはＡＩ研究の王道には含まれていなかった分野です。

ＡＩはそもそも定義があいまいで、人々の期待がどうしても先行してしまう側面があることを知ると、現在の第３次ＡＩブームを少し冷静に見ることができるのではないでしょうか。

＊出所：「AIと機械学習とディープラーニングの違いとは何か？」（谷口忠大　立命館大学情報理工学部教授、『経済セミナー』２０１８年12月・１月号）

	人工知能の置かれた状況	主な技術など	人工知能に関する出来事
1950年代			チューリングテストの提唱(1950年)
	第1次人工知能ブーム(推論と探索) 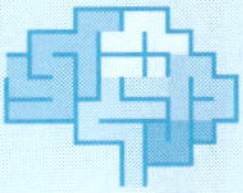	・推論、探索 ・自然言語処理	ダートマス会議にて「人工知能」という言葉が登場(1956年) ニューラルネットワークのパーセプトロン開発(1958年)
1960年代		・ニューラルネットワーク ・遺伝的アルゴリズム	人工対話システムELIZA開発(1964年)
		・エキスパートシステム	
1970年代	冬の時代		初のエキスパートシステムMYCIN開発(1972年) MYCINの知識表現と推論を一般化したEMYCIN開発(1979年)
1980年代	第2次人工知能ブーム(知識表現) 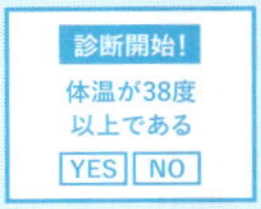	・知識ベース ・音声認識	第五世代コンピュータプロジェクト(1982～92年) 知識記述のサイクプロジェクト開始(1984年) 誤差逆伝播法の発表(1986年)
1990年代		・データマイニング ・オントロジー	
	冬の時代	・統計的自然言語処理	
2000年代	第3次人工知能ブーム(機械学習) 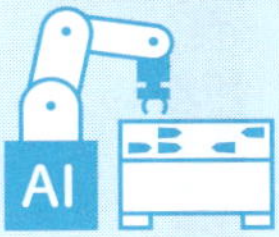	・ディープラーニング	ディープラーニングの提唱(2006年)
2010年代			ディープラーニング技術を画像認識コンテストに適用(2012年)

出所:総務省「ICTの進化が雇用と働き方に及ぼす影響に関する調査研究」(平成28年)
http://www.soumu.go.jp/johotsusintokei/linkdata/h28_03_houkoku.pdf

図6-2 人工知能の歴史

6-3

まずは機械学習の意味から

第3次AIブーム

今日から役立つポイント

機械学習とディープラーニングそれぞれの定義は、ぜひ知っておきましょう。これによって、例えば「AIで社内改革」といった怪しげな営業セールスを受けたとき、安易に信じてしまうことが防げるでしょう。一方で、現代においてデータがお金になる理由がわかるでしょう。

●ディープラーニングは機械学習の一種

ここからは、第3次AIブームのきっかけとなった機械学習とディープラーニングについて整理しましょう。

まず、誤解されやすい点として、次の2点を整理します。**よく聞く機械学習とディープラーニングは同列ではありません**。機械学習は、人工知能関連技術の一種です。一方で、ディープラーニングは機械学習の一種であり、これから説明する深いニューラルネットワークを使う点がポイントです。

●機械学習で「予測器」がつくれる

機械学習とは、人間が経験から学びさまざまな知識を得るように、機械がデータから学び、さまざまな知識を得る手法およびその数学的基礎理論全般です。

簡単にいうと、機械学習とは、コンピューターが多様で大量の数値やテキスト、画像、音声データからルールや知識を自ら見つけ出す（学習する）技術のことです。

AIが意思決定をする装置としたとき、機械学習とは「入力Xに対して、適切な出力Yを出す機械」だと考えます。例えば、ある地区の部屋の広さ（平米）をXとしたとき、家賃Y（金額）がどのくらい変化するか予測したいとします。このとき、家賃Yを推測するとともに、家賃を予測する「予測器」になる方程式を見つけにいくのが機械学習です。部屋の広さと家賃のデータをどんどん入力することで、家賃を予測する「予測器」がつくれます。

方程式ができた後も、さらにデータを入れていく（機械学習させる）ことで、例えば景気の変動などの影響があっても、**変化を反映したものに更新していくことができます**。この考え方は、画像認識や音声認識といった複雑なパターンでも本質的に同じです。このほか、消費者の一般的な購買データを大量に学習することで、消費者が購入した商品やその消費者の年齢などに適したリコメンド商品を提示することが可能になります。

ディープラーニングの基礎、ニューラルネットワーク

ディープラーニングは、ニューラルネットワークを多段に積み重ねた機械学習手法の総称です。「ニューラルネットワーク（Neural Network）」とは、人間の脳内にある神経細胞（ニューロン）とそのつながりである神経回路網を、人工ニューロンという数式的なモデルで表現したものです。

かつてニューラルネットワークは3層で用いられることが多かった中で、その層を多数積み重ねる、つまり深く（ディープ）することで、それまでの機械学習に比べて良好な性能を示すことがわかったといいます。**画像認識、音声認識、機械翻訳などの分野でディープラーニングは成果を上げています**。2015年にプロ棋士を破った「アルファ碁（AlphaGo）」がディープラーニングを使っていたことは有名です。

従来型の機械学習手法ではうまくいかないケースに対して、ディープラーニング手法を使用するケースが増えています。最近ではレコメンデーションや自動運転の分野など、幅広い分野で利用されています。

豆知識 アルファ碁（AlphaGo）

グーグルの子会社「DeepMind」開発の囲碁プログラム。コンピューターが人間に勝つのが難しいといわれていた囲碁の世界で、2015年初めて人間のプロ囲碁棋士を破った。ニューラルネットワークを応用し、自分自身との対局を繰り返して能力を強化する点が特徴。

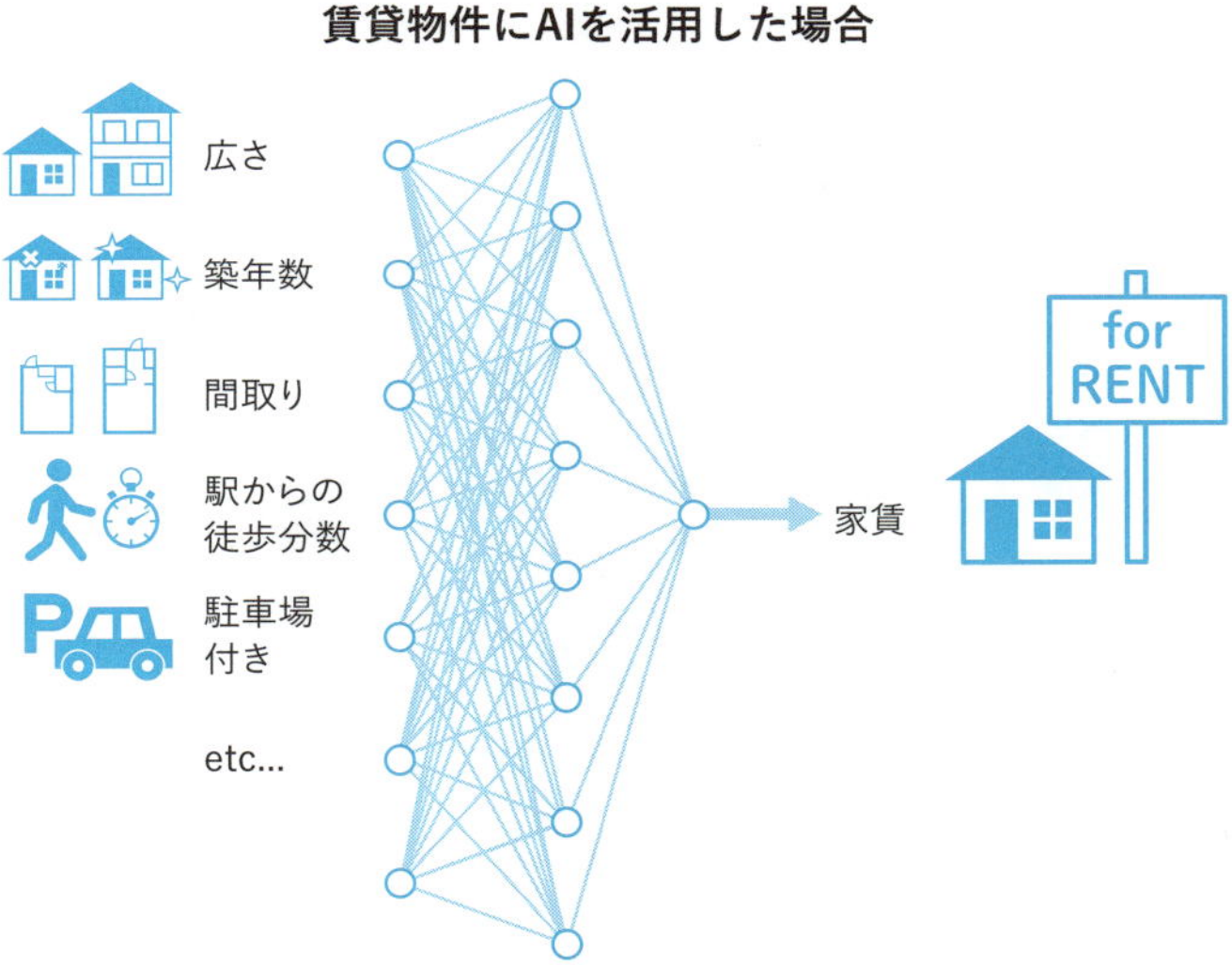

図6-3-① 予測機である数理モデルの作成イメージ

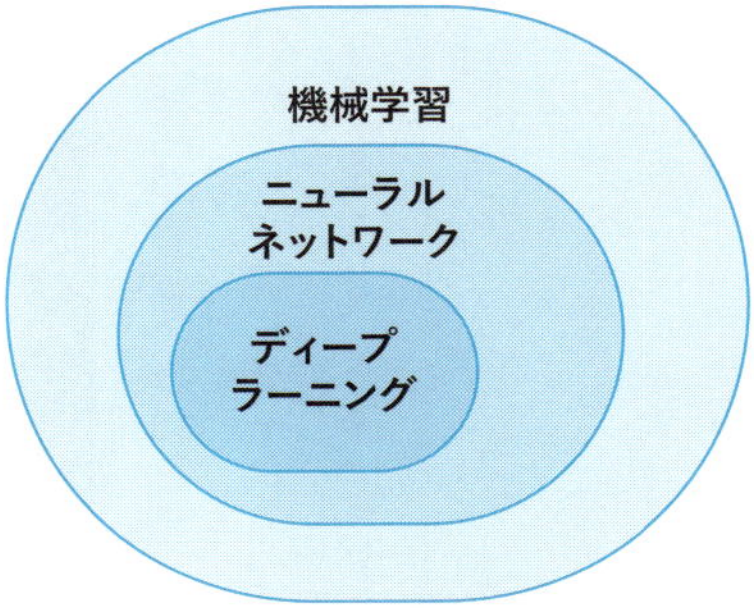

出所:「ニューラルネットワークの基礎解説:仕組みや機械学習・ディープラーニングとの関係は」(ビジネス+IT)
https://www.sbbit.jp/article/cont1/33345#&gid=null&pid=1

図6-3-② 機械学習とディープラーニングの関係

6-4

もう経済指標はいらない？

AIの指数化

今日から役立つポイント

株価指数やGDP速報値など、ビジネスや投資の際に必要といわれるデータは数多くありますが、今後はAIによるビッグデータ分析で、リアルタイムの分析情報が増えてきます。経済指標を予測する取り組みについて知ると、今後はリアルタイムでの情報取得がより重要になってくることがわかるでしょう。

●機械学習を市況分析に活用

ここからは経済分野での、ＡＩの活用事例を見ていきましょう。近年、「東大日次物価指数」「ＳＲＩ一橋大学消費者購買指数」のように、ＡＩ利用ではありませんが、小売店のＰＯＳデータといったビッグデータから消費者物価のリアルタイム係数が作成されています。こうした取り組みを参考に、**経済ニュースとＡＩ技術（主に機械学習）を使ったリアルタイムの景**

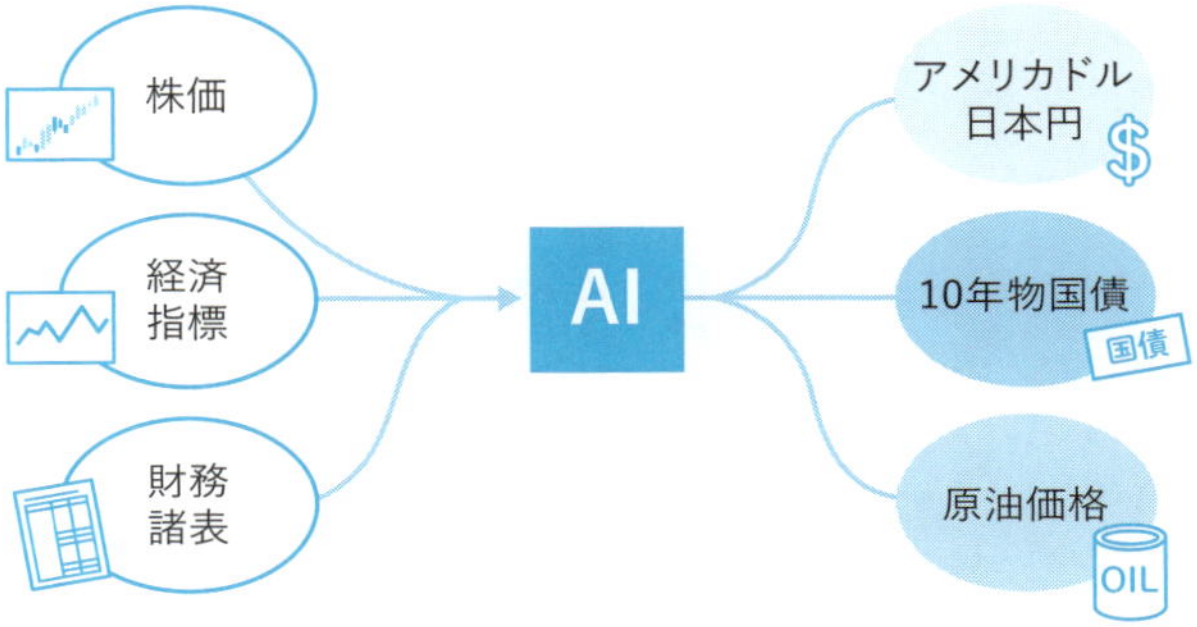

図6-4 AIによるマーケット予測イメージ

況感指数の分析が始まっています。

具体的には、日々配信される経済ニュースの文章が、景気に良いことをいっているのか悪いことをいっているのかをＡＩで自動的に解釈させて点数化し、指数化するものです。これによって、リアルタイムで景況感が観測できる速報性や、景気の現状だけでなく先行きの期待が抽出できること、先行きの不確実性も抽出できることなどのメリットが期待できます。

これまでも、ＢＯＷ（Bag of Words）という手法でニュースから景況感を抽出する試みはありましたが、言葉は難しく、例えば「よいとはいえない」などわかりづらい表現が多くあります。**機械学習によって、読み取りの精度を上げることができたのです**。

ビッグデータを使った金融ビジネスとしては、ヤフーによる活用なども始まっています。

豆知識　ヤフーによる活用

ヤフーグループの証券会社では、ヤフーで収集したビッグデータを活用し、市場の規則性やパターンを学習したAIが投資家心理によって生まれた「株価のゆがみ」を探し出して持続的・安定的に市場を上回る収益を目指す投資信託「Yjamプラス！」を開発・販売している。

6-5

AIに使われる人、AIを使う人

技術革新と雇用

今日から役立つポイント

ここまでAIとは何かについて詳しく学んできました。社会のさまざまなことが自動化されれば、おのずと働き方は変わってきます。急速に変化する労働環境についていけない人が出ることは、OECDも懸念しています。技術革新に対応すること、新しいスキルを身につけるための行動が必要なことが実感できるでしょう。

●産業構造の変化はすでに始まっている

2019年4月、OECD（経済協力開発機構）のニュースレターでは、加盟諸国の政府に対して、雇用と仕事へのアプローチを全面的に見直す必要があり、**早急に対応しないと、特に低技能労働者が急速に変化する労働環境の中で取り残されることになると警告しました。**

豆知識　OECD（経済協力開発機構）のニュースレター

2019年4月25日にウェブサイトにアップされた「変化する労働環境の課題に人々が対応できるように早急に対処すべき」では、高等教育を修了していない若者の失業率が高まっており、非正規雇用や低賃金の雇用に就かざるを得ない人の割合も上昇していることを指摘している。

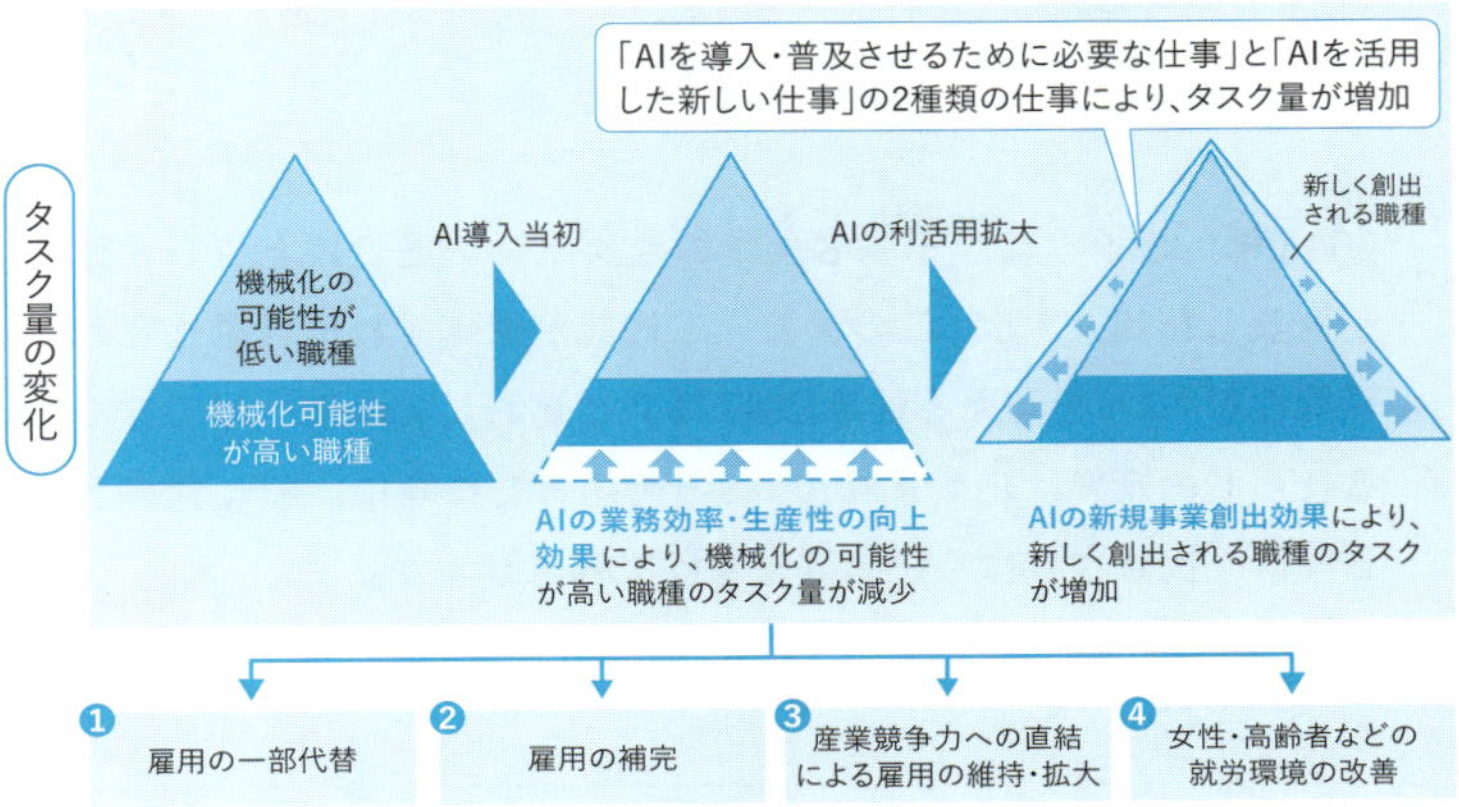

出所：総務省「ICTの進化が雇用と働き方に及ぼす影響に関する調査研究」（平成28年）参照
http://www.soumu.go.jp/johotsusintokei/whitepaper/ja/h28/pdf/n4300000.pdf

図6-5　人工知能（AI）の導入・利活用拡大

デジタル転換、グローバル化、人口動態の変化で、労働環境はすでに再編されており、今後15~20年で、既存の職業の14%は自動化の結果消滅し、32%は根本から変化する可能性があるとしています。

また、技術革新による労働スキルの差がもたらす経済格差について論じている経済学者ローレンス・F・カッツは、先進国の産業は製造業から非製造業に移行しているため求められるスキルも変わり、対応できない労働者の賃金は上がらないことを指摘しました*。

産業構造の変化は必至と捉えて、それに対応した生き方をしていくための方法をともに模索していきましょう。

＊出所：（2017）“Secular Stagnation? The Effect of Aging on Economic Growth in the Age of Automation”（https://economics.mit.edu/files/13126）

6章 演習問題

2013年、オックスフォード大学のオズボーン准教授とフレイ博士が発表した論文*で「このまま人工知能が進化すれば自動化される可能性が70％を超える仕事は47％」と発表して以来「AIでなくなる仕事」の話題は絶えません。6-5の内容を参考に、AIに代替される仕事、代替されにくい仕事を挙げてみましょう。

解答欄

解答例

- AIに代替される（機械によって自動化される可能性が高い）仕事の例　テレマーケター、不動産ブローカー、数理技術者、保険業者、時計修理業者、貨物取扱人、会計係、データ入力者
- 代替されにくい（機械によって自動化される可能性が低い）仕事の例　レクリエーションセラピスト、整備士・施工業者・修理業の監督者、緊急管理責任者、作業療法士、医療ソーシャルワーカー、聴覚機能訓練士

※職業名は次の論文による。「THE FUTURE OF EMPLOYMENT: HOWSUSCEPTIBLE ARE JOBS TO COMPUTERISATION?」　／Carl Benedikt Frey and Michael A. Osborne September 17, 2013
https://www.oxfordmartin.ox.ac.uk/downloads/academic/The_Future_of_Employment.pdf

7章

経済学で押さえておきたい人物

7-1

マクロ経済学に一石を投じたロバート・ルーカス

「ルーカス批判」

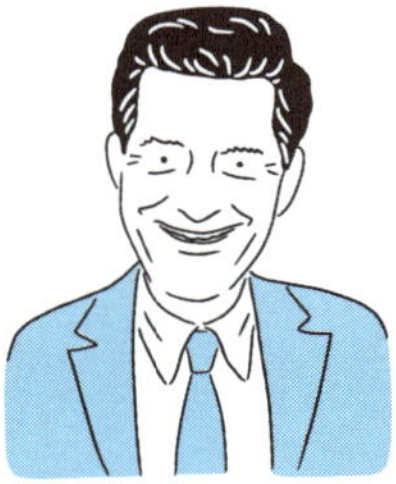

主な著書

『マクロ経済学のフロンティア―景気循環の諸モデル』（東洋経済新報社）

関連する人物

トーマス・サージェント（1943－）
ルーカスらとともに新しいマクロ経済学の手法の基礎を築き、論文集『合理的期待形成と計量経済学的計算』（1981年）をルーカスと編集した。2011年ノーベル経済学賞を受賞。

●合理的期待形成仮説の理論を発展、応用

従来の経済学の基本的な考え方の1つに「合理的期待形成仮説」があります。これは、市場経済を構成する個人が、現時点で入手できる全ての情報を駆使して、最も合理的・効率的に将来を予測するという仮説です。市場で需要と供給がつりあったときの価格である「均衡市場価

略年表

1937年	アメリカのワシントン州で生まれる
1964年	シカゴ大学で博士号を取得
1876年	「ルーカス批判」論文発表
1980年	シカゴ大学教授に就任
1995年	ノーベル経済学賞を受賞

格」のような将来の市場条件を人々が正確に知っていて期待を形成し、最適化された行動を行うという前提から成り立っています。

ロバート・ルーカスは合理的期待形成仮説を推進した学者の1人ですが、マクロ経済の政策決定に関する論文の中で「ルーカス批判」と呼ばれる主張を展開しました。例えば、政府が経済を活性化させるために、いわゆるばらまき政策を行ったとします。しかし、「将来増税されるに違いない」と予測する人は消費どころか、より一層節約に励むなど、政府の意図とは真逆の行動をとるかもしれません。このように、政府の政策が実際に行われる前に何らかのインセンティブ（誘因）が発生するため、行動が変化してしまう、ということがその内容です。ルーカスは論文の中で、**経済政策を変えることで、インフレと失業率のような一見明らかに見える関係性も変化させることができると主張**しました。

合理的期待形成仮説の理論を発展、応用し、1970年代以降の財政・金融政策などマクロ経済理論に大きな影響を与えたことなどを理由として、ルーカスは1995年にノーベル経済学賞を受賞しています。

7-2

自由主義経済を提唱したミルトン・フリードマン

『資本主義と自由』

主な著書

『資本主義と自由』（日経ＢＰ社）

関連する人物

フリードリヒ・ハイエク（１８９９−１９９２）
１９７４年ノーベル経済学賞を受賞。政治哲学、法哲学、心理学など多岐にわたる業績を残した。フリードマンと同様に自由な経済を主張したが、ハイエクは自由主義の思想家としての側面が強い。

●主要国の政策にも大きく影響

１９７６年にノーベル経済学賞を受賞したミルトン・フリードマンは政策提言や論争を繰り広げた経済学者として知られ、１９８０年代には日本銀行の顧問も務めていたこともあります。

フリードマンが活躍した１９７０年代、経済は景気後退と物価高が同時に起きるスタグフレ

略年表

1912年	アメリカのニューヨーク州で生まれる
1946年	コロンビア大学で博士号を取得
1948年	シカゴ大学教授に就任
1962年	『資本主義と自由』を刊行
1976年	ノーベル経済学賞を受賞
2006年	死去

ーションに悩まされ、ケインズ政策の限界が指摘されていました。
フリードマンは、**政府が規制や政策介入をせず、経済活動の自由度を高めることで市場メカニズムを最大限に活用し、経済を拡大させることで人々に豊かさがもたらされるという考え方、自由主義経済を提唱**します。これは1980年代のアメリカのレーガン政権、イギリスのサッチャー政権の経済政策や、1980年代の日本の中曽根政権以降の規制緩和や構造改革にも影響したといわれています。

2001〜2006年の小泉政権による「聖域なき構造改革」は、公務員の人員削減や給与カット、公共事業への予算削減、増税など「痛みを伴う改革」を行い、政府支出の帳尻を合わせようと試みました。自由主義経済を重視した小泉政権の構造改革については評価すべき点がある一方、弱者を切り捨てたという見方もあります。全体的な効率性の優先が小泉政権の市場開放であり、この路線は、後の「アベノミクス」でも継承されています。

7-3

行動経済学の礎を築いた モーリス・アレ

「アレのパラドックス」

主な論文

Allais, M. (1953)" Le Comportement de l' Homme Rationnel Devant le Risque: Critique des Postulats et Axiomes de l' école Américaine," Econometrica, Vol.21, No.4(Oct 1953).

関連する人物

ジョン・ノイマン（1903－1957）
第2次世界大戦中の原子爆弾開発でも知られる、20世紀を代表する数学者。

オスカー・モルゲンシュテルン（1902－1977）
ノイマンとともに経済学の世界へゲーム理論を持ち込み、ミクロ経済学の基礎を築いた。

●人はいつもオトクな選択をするわけではない

合理的な意思決定を示す、期待効用理論というものがあります。例えばあなたが、ジェラートを1種類選ぶとき、柚子とバニラなら、バニラを選ぶとします。そこにもう1つ、抹茶という選択肢が加わったとき、柚子はもう除外しているので「バニラか、抹茶か」という選択になるはずで

略年表

1911年	フランスのパリで生まれる
1944年	高等師範鉱山学校（ENSM）の経済学教授に就任
1947年	パリ大学統計研究所の理論経済学教授に就任
1953年	複数の論文で「アレのパラドックス」を提唱
1967年	ジュネーヴ高等研究所経済学教授に就任
1988年	ノーベル経済学賞を受賞
2010年	死去

す。この合理性の推移を、推移性といいます。ところが、複雑な状況では、人は選択肢から落としたはずの柚子を選ぶ場合がある、それが「アレのパラドックス」です。

１９５３年、アレが行った実験があります。連続する2回のくじがあり、参加者はA、Bどちらかを選びます。1回目はA「確実に１０００ドルがもらえる」と、B「10％の確率で２５００ドルがもらえる、89％の確率で１０００ドルがもらえる、そして1％は賞金なし」の2つから選びます。このとき人々の多くは、期待値計算では劣っても、確実にお金がもらえるAを選択しました。2回目は、A「11％の確率で１０００ドルがもらえて、89％は賞金なし」とB「10％の確率で２５００ドルもらえて、90％は賞金なし」の2つから選びます。参加者の多くは、期待値が高いBを選択しました。

このように、**人の選択は期待効用理論と矛盾する結果が出ることもあるという「アレのパラドックス」は、経済学の新しい分野、行動経済学のベースとなりました。**

7-4

企業の本質を追求したロナルド・コース

「企業の境界問題」

主な著書

『企業・市場・法』（東洋経済新報社）

関連する人物

オリバー・ウィリアムソン（1932－）
コースとともに、企業の境界を理解するための重要な概念となる「取引コスト」に関する分析を行った。2009年にノーベル経済学賞を受賞。

●子会社にするか、部門にするか

大企業の一部門と、100%子会社はどう違うのでしょう？ 例えば ピクサー・アニメーション・スタジオ（ピクサー）はウォルト・ディズニー・カンパニー（ディズニー）の100%子会社なのに、ピクサーはなぜディズニーの一部門にならないのでしょう？ **この疑問が、ノーベル経済学賞を受賞したロナルド・コースたちが取り組んだ「企業の境界問題」です。**

略年表

1910年	イギリスのロンドンで生まれる
1937年	論文「企業の本質」で取引コストの概念を発表し、「企業の境界問題」に貢献
1964年	シカゴ大学教授に就任
1991年	ノーベル経済学賞を受賞
2013年	死去

ここでカギとなるのが「取引コスト」です。これは取引を行う際に発生するさまざまな手間暇、つまり無駄なことにかかるコストを意味します。例えばディズニーとピクサーの例で、ピクサーの立場で考えた場合、もしディズニーの一部門となるのなら、ピクサーの売上分は自分たちの部門だけで使わせてほしい、給料も部門の収益に応じたものにしてほしい、という希望が出てくるかもしれません。しかし突発的なことも含めた想定できる未来を、契約書の中に全て盛り込むことは不可能です。こうした「不完備契約（Incomplete Contract）」は必ず起こるといえ、そのための取引コストも必ずかかってくるでしょう。それなら100％子会社として所有権を明確にし、ディズニー側は株主としての権利を得ていた方が合理的です。取引コストを軸に考えると、このように個々の企業の判断の理由を推測することができるでしょう。

こうした取引コストを実際に計算するのは難しい面もあります。しかし企業の境界問題を考える際に、取引コストの考え方は判断基準の1つになり、企業買収などの際に「100％子会社にするか、会社の中の1つの部署にするか」といった企業戦略にも役立ちます。

7-5

ファイナンス理論の常識を変えたフランコ・モディリアーニ

「MM理論」

主な論文

Franco Modiliani and Merton Howard Miller(1958), "The Cost of Capital, Corporation Finance and the Theory of Investment（資本コスト、企業金融、および投資理論）," American Economic Review, Vol.48, No.3(June 1958)

関連する人物

マートン・ミラー（１９２３－２０００）
モディリアーニとともに『MM理論』を導き出した功績などによって、１９９０年にノーベル経済学賞を受賞した。

●完全市場で資本構成は企業価値に影響しない

会社の経営者にとって、株式で資金調達をするのか、借り入れや社債などの負債として調達するのかは大きな問題です。投資計画を実施する際には、それぞれの資本コストを計算することが必須です。

略年表

1918年	イタリアのローマで生まれる
1950年代	カーネギーメロン大学教授に就任
1958年	MM理論を提唱
1962年	マサチューセッツ工科大学（MIT）スローン・スクールの教授に就任
1985年	ノーベル経済学賞を受賞
2003年	死去

しかし、1958年、モディリアーニがマートン・ミラーとともに発表した「MM理論（Modigliani-Miller theorem）」は、これに大きな影響を与えました。**MM理論では、「完全市場」では、負債と株主資本の組み合わせである資本構成は、企業価値に影響を与えないとしています**。負債と株式がどんな組み合わせでも、企業価値は同じだというのです。

ここで完全市場とは、①商品・サービスの同質性、②売り手と買い手が多数存在する、③市場に関する情報を全ての参加者が保有している、④参入・退出の自由、の4つを同時に満たす市場です。もちろん実際には存在しない、経済学の理論上の市場状況です。

現実にはあり得ない状況を前提としたMM理論には、違和感があるかもしれません。しかし1章で学んだように、こうした経済理論は議論の「軸」をつくるためのものです。摩擦がまったくない理想的な状況で成り立つMM理論は、コーポレートファイナンス理論の発展のベースを作り出し、モディリアーニもミラーも、その功績によりノーベル経済学賞を受賞しています。

7-6

資本主義の矛盾を指摘したカール・マルクス

『共産党宣言』『資本論』

主な著書

『新装版　新訳　共産党宣言』（白水社）
『資本論』（岩波書店）

関連する人物

フリードリヒ・エンゲルス（１８２０－１８９５）
ドイツの社会思想家。マルクスを公私ともに支援しながら、マルクスとの共著『共産党宣言』を１８４８年出版。マルクス没後に『資本論』２巻、３巻を編纂、出版した。

●現代も生きるマルクスの思想

ここまでは資本主義についての理論を紹介してきましたが、資本主義はダイナミックで革新的な経済体制であるものの、そこには矛盾があり、**いつか資本主義は崩壊すると主張したのが19世紀の経済学者であり哲学者、思想家、革命家でもあるカール・マルクス**です。

略年表

1818年	ドイツ・プロイセン王国で生まれる
1835年	ボン大学に入学、翌年ベルリン大学へ転校
1848年	『共産党宣言』出版
1867年	『資本論』第1巻出版
1883年	死去

マルクスはジャーナリストを経て文筆家となり、経済学などの研究を進めるうちに自分の立場を共産主義と定義して、1848年に『共産党宣言』を完成させます。本格的な経済学研究書として1859年『経済学批判』を、1867年には『資本論』の第1巻を発表しました。

マルクスによると商品の価値は、その商品をつくるのに使われた労働力によって決まります。資本家が利益を手にするには、それを上回る価値を生み出し、余剰価値を獲得しなければなりません。また利益は技術革新と分業によっても影響を受けます。資本主義の下での労働は人々から創造性を奪い、人間同士の結びつきをむしばむとマルクスは指摘します。そして労働者と資本家の間の闘争はいつか資本主義を転覆させ、共産主義体制が樹立されるとしています。

1991年にソビエト連邦が崩壊して以降、経済学の中でのマルクス経済学は勢いを失ってしまいました。しかし近年、世界で起きている格差社会をめぐる問題の中で、マルクスの思想や著作は再び見直され、人々に影響を与えています。

おわりに

私は、経済学を軸に企業の意思決定のメカニズムや背景について研究を行う過程で、経済学が、現実世界の課題解決に以前よりも活かされるようになったと感じています。つまり理論とデータによる実証研究のシナジーが起きているということです。その大きな要因は、私たちに関する詳細なデータをとることができるようになったことです。こうした環境の整備は、経済学などの社会科学だけでなく、情報工学などの自然科学の発展があるからこそです。私は、社会から受けている恩恵は多様な学問の発展によって成立していると思います。本書を通して、経済学を学ぶ楽しさはもちろん、あらゆる学問への関心のきっかけになれば嬉しいです。

本書の執筆にあたり、さまざまな専門家の方から貴重なご意見をいただきました。御礼申し上げます。そして、本書の執筆の機会をくださった編集者の大久保遥さん、編集サポートで入ってくださった阿部祐子さんからは、たくさんの学ぶきっかけをいただきました。本当にありがとうございます！　読者の方々と関係する全ての人に、さらなる幸がありますように！

2019年7月　崔 真淑

参考文献

・0―1　『グローバリゼーションは人々の暮らしを豊かにするのか』（戸田康之、『経済セミナー』２０１７年6月・7月号）．

・0―2　独立行政法人経済産業研究所「都道府県別産業生産性（R-JIP）データベース２０１７」（https://www.rieti.go.jp/jp/database/R-JIP2017/index.html）．

・0―2　「生産性の地域間格差」（徳井丞次『経済セミナー』２０１７年８・９月号）日本評論社．

・1―2　神取道宏［著］（２０１４年）『ミクロ経済学の力』日本評論社．

・1―2　伊藤秀史［著］（２０１２年）『ひたすら読むエコノミクス』有斐閣．

・1―7　ダニエル・カーネマン［著］村井章子［訳］（２０１２年）『ファスト&スロー　上―あなたの意思はどのように決まるか？』早川書房．

・1―7　ダニエル・カーネマン［著］村井章子［訳］（２０１２年）『ファスト&スロー　下―あなたの意思はどのように決まるか？』早川書房．

・1―7　リチャード・セイラー［著］キャス・サンスティーン［著］遠藤真美［訳］（２００９年）『実践　行動経済学―健康、富、幸福への聡明な選択』日経ＢＰ社．

・2―12　Jean Tirole, "The Theory of Corporate Finance" (Princeton Univ Press, 2006)．

・2章全体　神取道宏［著］（２０１４年）『ミクロ経済学の力』日本評論社．

・2章全体　伊藤元重［著］（２００３年）『ミクロ経済学［第2版］』日本評論社．

・3―4　厚生労働省「平成29年版　厚生労働白書」

(https://www.mhlw.go.jp/content/gaiyou29.pdf)

- 3—5　内閣府「平成30年度　年次経済財政報告」(https://www5.cao.go.jp/keizai3/2018/0803wp-keizai/setsumei00.pdf)
- 3—5　内閣府「デフレ脱却と持続的な経済成長の実現のための政府・日本銀行の政策連携について」(https://www.kantei.go.jp/jp/headline/nichigin_accord.html)
- 3章全体　祝迫得夫［著］（２０１２年）『家計・企業の金融行動と日本経済―ミクロの構造変化とマクロへの波及』日本経済新聞出版社．
- 3章全体　P.R.クルーグマン［著］M.オブストフェルド［著］M.J.メリッツ［著］山形浩生［訳］守岡桜［訳］（２０１７年）『クルーグマンの国際経済学　理論と政策〈原書第10版〉上：貿易編』丸善出版．
- 3章全体　P.R.クルーグマン［著］M.オブストフェルド［著］M.J.メリッツ［著］山形浩生［訳］守岡桜［訳］（２０１７年）『クルーグマンの国際経済学　理論と政策　下　金融編』丸善出版．
- 3章全体　中谷巌［著］（２００７年）『入門　マクロ経済学［第5版］』日本評論社．
- 4章全体　森田果［著］（２０１４年）『実証分析入門』日本評論社．
- 4章全体　山本勲［著］（２０１５年）『実証分析のための計量経済学―正しい手法と結果の読み方』中央経済社．
- 5—10　NERA「米国におけるＩＣＯの動向と投資利益率の分析」(http://www.nera.jp/content/dam/nera/Japan/files/2018/8.%20PUB_A_Look_at_ICO_Japanese_0418.pdf).
- 5章全体　小佐野広［著］（２００１年）『コーポレート・ガバナンスの経済学―金融契約理論からみた企業論』日本経済新聞出版社．
- 5章全体　新井富雄［著］高橋文郎［著］芹田敏夫［著］（２０１６年）『コーポレート・ファイナンス―基礎と応用』中央経済社．
- 5章全体　João Amaro de Matos "Theoretical Foundations of Corporate Finance" (Princeton

Univ Press, 2001).

- **6—1** Jean Tirole, "The Theory of Corporate Finance" (Princeton Univ Press, 2006).
- **6—1** (2018) Susan Athey, Michael Luca "Economists (and Economics) in Tech Companies" (https://www.gsb.stanford.edu/gsb-cmis/gsb-cmis-download-auth/470336).
- **6—1** Susan Athey, Michael Luca, "Why Tech Companies Hire So Many Economists" (Harvard Business Review, 2019).
- **6—2** 『平成28年版　情報通信白書』(http://www.soumu.go.jp/johotsusintokei/whitepaper/ja/h28/pdf/n4200000.pdf).
- **6—2** 「ＡＩと機械学習とディープラーニングの違いとは何か?」(谷口忠大、『経済セミナー』２０１８年12月・1月号、日本評論社).
- **6—3** 「ＡＩと機械学習とディープラーニングの違いとは何か?」(谷口忠大、『経済セミナー』２０１８年12月・1月号、日本評論社).
- **6—3** 総務省『平成28年版　情報通信白書』(http://www.soumu.go.jp/johotsusintokei/whitepaper/ja/h28/pdf/n4200000.pdf).
- **6—3** 「ニューラルネットワークの基礎解説：仕組みや機械学習・ディープラーニングとの関係は」(ビジネス＋ＩＴ)(https://www.sbbit.jp/article/cont1/33345#&gid=null&pid=1).
- **6—4** 「経済ニュースとＡＩを用いたリアルタイム景況感指数」(五島圭一、山田哲也、『経済セミナー』２０１８年12月・1月号、日本評論社).
- **6—4** 松田雄馬［著］(２０１９年)『人工知能はなぜ椅子に座れないのか―情報化社会における「知」と「生命」』新潮社.
- **6章全体** 松田雄馬［著］(２０１９年)『人工知能はなぜ椅子に座れないのか―情報化社会における「知」と「生命」』新潮社.
- **6章全体** 一橋大学イノベーション研究センター［編］(２０１７年)『イノベーション・マネジメント入門　第2版』日本経済新聞出版社.

- 7―1　ロバート・E・ルーカス Jr.［著］清水啓典［訳］（1988年）『マクロ経済学のフロンティア―景気循環の諸モデル』東洋経済新報社.
- 7―2　ミルトン・フリードマン［著］村井章子［訳］（2008年）『資本主義と自由』日経BP社.
- 7―3　Allais, M. " Le Comportement de l' Homme Rationnel Devant le Risque: Critique des Postulats et Axiomes de l'école Américaine" Econometrica,Vol.21, No.4(Oct 1953).
- 7―4　ロナルド・H・コース［著］宮沢健一［訳］後藤晃［訳］藤垣芳文［訳］（1992年）『企業・市場・法』東洋経済新報社.
- 7―5　Franco Modiliani and Merton Howard Miller（1958）, "The Cost of Capital, Corporation Finance and the Theory ofInvestment（資本コスト、企業金融、および投資理論）" American Economic Review, Vol.48, No.3（June 1958）.
- 7―6　カール・マルクス［著］的場昭弘［訳］（2018年）『新装版 新訳 共産党宣言』作品社.
- 7―6　マルクス［著］エンゲルス［編］向坂逸郎［訳］（1969年〜1970年）『資本論』岩波書店.

や行・ら行・わ行

な行

は行

ま行

さ行

た行

索引

英数字

あ行

か行

[著者紹介] 崔 真淑（さい・ますみ）
エコノミスト。一橋大学大学院博士後期課程在籍。カオナビ 社外取締役。グッド・ニュースアンドカンパニーズ 代表取締役。日経 COMEMO キーオピニオンリーダー。2008 年に神戸大学経済学部卒業後、大和証券 SMBC 金融証券研究所（現、大和証券）へ入社。アナリストとして資本市場分析に携わる。当時最年少の女性アナリストとして、NHK などの主要メディアで経済解説者に抜擢される。債券トレーダーを経験したのち、2012 年に独立。2013 年から経済解説委員として日経 CNBC に出演中。2016 年、一橋大学大学院（MBA in Finance）修了。2017 年から一橋大学大学院イノベーション研究センターに所属。現在は、経済学を軸に、経済ニュース解説、マクロ経済・資本市場分析を得意とするマクロエコノミスト・コンサルタントとして活動。また、若年層の経済・金融リテラシー向上のため、東京証券取引所の PR コンサルティングなども手がける。著書に『30 年分の経済ニュースが 1 時間で学べる』（大和書房）がある。

編集協力　阿部 祐子
装丁・本文デザイン　相京 厚史（next door design）
装丁・本文イラスト　芦野 公平
DTP　戸塚 みゆき（ISSHIKI）

ど素人でもわかる経済学の本

2019 年 8 月 9 日　初版第 1 刷発行
2023 年 5 月15日　初版第 3 刷発行

著　者　崔 真淑
発行人　佐々木 幹夫
発行所　株式会社 翔泳社（https://www.shoeisha.co.jp/）
印刷・製本　株式会社 シナノ

落丁・乱丁はお取り替えいたします。03-5362-3705 までご連絡ください。

本書内容に関するお問い合わせについて

ご質問や正誤表については、下記のウェブサイトをご参照ください。

刊行物 Q&A	https://www.shoeisha.co.jp/book/qa/
正誤表	https://www.shoeisha.co.jp/book/errata/

インターネットをご利用でない場合は、FAX または郵便にて、下記までお問い合わせください。
電話でのご質問は、お受けしておりません。

送付先住所	〒 160-0006　東京都新宿区舟町 5
FAX 番号	03-5362-3818
宛先	（株）翔泳社 愛読者サービスセンター

※本書に記載された URL 等は予告なく変更される場合があります。
※本書の出版にあたっては正確な記述につとめましたが、著者や出版社などのいずれも、本書の内容に対してなんらかの保証をするものではなく、内容やサンプルに基づくいかなる運用結果に関してもいっさいの責任を負いません。
※本書に記載されている会社名、製品名はそれぞれ各社の商標および登録商標です。
※本書に記載されている情報は 2019 年 6 月執筆時点のものです。

ISBN 978-4-7981- 5850-1　Printed in Japan